KLAUS MÄDING

Chinesisches traditionelles Erbrecht unter besonderer Berücksichtigung südostchinesischen Gewohnheitsrechts vom Ende des 19. Jahrhunderts

NEUE KÖLNER
RECHTSWISSENSCHAFTLICHE
ABHANDLUNGEN

HERAUSGEGEBEN VON
DER RECHTSWISSENSCHAFTLICHEN FAKULTÄT
DER UNIVERSITÄT ZU KÖLN

HEFT 40

Berlin 1966

WALTER DE GRUYTER & CO.

vormals G. J. Göschen'sche Verlagshandlung · J. Guttentag, Verlagsbuchhandlung
Georg Reimer · Karl J. Trübner · Veit & Comp.

Chinesisches traditionelles Erbrecht unter besonderer Berücksichtigung südostchinesischen Gewohnheitsrechts vom Ende des 19. Jahrhunderts

Von

Dr. Klaus Mäding

Attaché in Köln

Berlin 1966

WALTER DE GRUYTER & CO.

vormals G. J. Göschen'sche Verlagshandlung · J. Guttentag, Verlagsbuchhandlung
Georg Reimer · Karl J. Trübner · Veit & Comp.

Archiv-Nr. 27 08 66 1
Satz und Druck: Walter de Gruyter & Co., Berlin 30

GLIEDERUNG

LITERATURVERZEICHNIS

A. Rechtsquellen und Lexika

Brockhaus („Der Große Brockhaus"), 16. Auflage, Wiesbaden 1953—57, Stichwort „Formosa"

Ehegesetz der Volksrepublik China vom 1. 5. 1950 (in der englischen Übersetzung durch Foreign Languages Press), Peking 1959

Gesetze der Republik China (im chinesischen Text: Tsui hsin liu fa ch'üan shu, „Neueste vollständige Ausgabe der Gesetze der sechs Rechtsgebiete", hrsg. von Chao Shen, Taipei 1961)

Hong Kong Government (Hrsg.), Chinese Law and Custom in Hong Kong, Report of a Committee appointed by the Governor in Oct. 1948 (Strickland-Report), Hong Kong 1953

—, Chinese Marriages in Hong Kong, Report by A. Ridehalgh, Attorney General and J. C. McDouall, Secretary for Chinese Affairs, Hong Kong 1960

—, The Hong Kong Law Reports (zitiert: Band ... H. K. L. R. Seite ...)

—, The Hong Kong Law Reports, Consolidated Index and Table of Cases 1905—1957 (edit. by R. Winter, V. E. Silva)

—, Sessional Papers, 1900

Mathews' Chinese-English Dictionary, Revised American Edition, Cambr. Mass. 1952

Morohashi, Dai-kanwa-jiten, „Großes Chinesisch-japanisches Wörterbuch", 12 Bände, Tokyo 1955—59

Okamatsu, Santaro, Provisional Report on Investigations of Laws and Customs in the Island of Formosa, Kyoto, 1902

„Sacred Edict" der K'anghsi- und Yungcheng-Kaiser, bearbeitet nach der Fassung von 1724 durch Wang Yu-p'u, übersetzt ins Englische von F. W. Baller, 6. Aufl. Shanghai 1924

Taiwan Shihō, „Privatrecht von Taiwan", japan. und chinesischer Text, 13 Bände, davon 7 Ergänzungsbände, 1910—1911
(2. Band, 2. Teil zitiert: TS.; 2. Ergänzungsband, 2. Teil zitiert: TS. Anhang)

Verfassung der Volksrepublik China vom 20. 9. 1954 (im chinesischen Text: Chung hua jen min kung ho kuo hsien fa, Peking 1954 und in der englischen Übersetzung durch Foreign Languages Press, Peking 1954)

B. Schrifttum

Alabaster, C., The Law of Inheritance, in: China Review Band V (1876/77), S. 191 bis 195, 248—251, Bd. VI (1877/78), S. 55—56 (zitiert: aaO.)

—, Notes and Commentaries on Chinese Criminal Law, London 1899

Bauer, Wolfgang, Die Frühgeschichte des Eigentums in China, in: Zeitschrift für vergleichende Rechtswissenschaft (ZvglRW.) 63. Bd. (1961), S. 118—184

Bernhöft, Über Zweck und Mittel der vergleichenden Rechtswissenschaft, in: ZvglRW. 1. Bd. S. 1ff.

Betz, Heinrich (unter Mitwirkung von Heinz Lautenschlager), Länderbericht China, in: Rechtsvergleichendes Handwörterbuch für das Zivil- und Handelsrecht des In- und Auslandes (herausgegeben von F. Schlegelberger), Bd. I Teil 2, S. 328 bis 391 (zitiert: Betz, aaO.)

Boehmer, Gustav, Erbfolge und Erbenhaftung, Halle 1927

Boulais, Guy, Manuel du code chinois, Shanghai 1924

Bruck, E. F., Totenteil und Seelgerät im griechischen Recht, München 1926

—, Kirchenväter und soziales Erbrecht, Berlin 1956

Bünger, Karl, Das neue chinesische BGB. Seine Entstehungsgeschichte und Systematik, in: Blätter für Internationales Privatrecht 6. Jahrgang (1931), Sp. 257—267

—, Alte chinesische Rechtsgedanken im modernen chinesischen Grundstücksrecht, in: Sinica Bd. VIII (1933), S. 176—182

—, Zivil- und Handelsgesetzbuch sowie Wechsel- und Scheckgesetz von China, Marburg 1934 (zitiert: Chin. BGB.)

—, Quellen zur Rechtsgeschichte der T'ang-Zeit, Peking 1946

—, Das Ehegesetz der Volksrepublik China von 1950, in: Zeitschrift für ausländisches und internationales Privatrecht (ZAIP.) 16. Jhrg. (1951) S. 112ff.

—, Religiöse Bindungen im chinesischen Recht, in: Religiöse Bindungen in frühen und in orientalischen Rechten, hrsg. von K. Bünger und Hermann Trimborn, Wiesbaden 1952, S. 58—69

Burkhardt, V. R., Chinese Creeds and Customs, 3 Bde. Hong Kong 1953—58

Chang Chung-li, The Chinese Gentry, Seattle 1955

Ch'ü T'ung-tsu, Law and Society in Traditional China, Paris 1961

Cohn, Georg, Gemeinderschaft und Hausgenossenschaft, in: ZvglRW. 13. Bd., S. 1ff.

Conrad, H., Deutsche Rechtsgeschichte, 2. Aufl. Bd. I, Karlsruhe 1962

Corinth, Bernhard, Das Erbrecht der Volksrepublik China in: ZAIP. 24. Jhrg. (1959), S. 719—728

Couvreur, S. (Übers.), Li Ki, Mémoires sur les bienséances et les cérémonies, 2 Bde. Paris 1950

De Groot, J. J. M., The Religious System of China, 6 Bde. Leyden 1892—1910

Del Vecchio, Giorgio, Voraussetzungen und Bewertungskriterien in der Rechtsvergleichung, in: ZvglRW. 64. Bd. (1962), S. 1—14

Eberhard, Wolfram, Chinas Geschichte, Bern 1948

—, Social Mobility and Migration of South Chinese Families, Golden Jubilee Congress Paper, Hong Kong University, Sept. 1961

Eitel, E. J., The Law of Testamentary Succession as Popularly Understood and Applied in China, in: China Review Bd. XV, S. 150—155

Enneccerus-Nipperdey, Allgemeiner Teil des Bürgerlichen Rechts, I. Bd. des Lehrbuchs des Bürgerlichen Rechts von Enneccerus-Kipp-Wolff, 15. Bearb. 1959

Escarra, Jean, Das chinesische Familienrecht in der alten Gesetzgebung und in der neuen Kodifikation, in: Sinica Bd. VIII (1933), S. 97—109

—, Le droit chinois, Peking, Paris 1936

—, Le droit comparé et la jurisprudence chinoise, in: Introduction à l'étude du droit comparé (Recueil d'études en l'honneur d'Edouard Lambert) Paris 1938, 1[0] partie, S. 481—491

Feng Han-yi, The Chinese Kinship System, Cambridge 1948
Feng Yu-lan, A History of Chinese Philosophy (ins Englische übersetzt von D. Bodde), Peking 1937
Foo Ping-sheung, Soziale Gesichtspunkte des bürgerlichen Gesetzbuches der chinesischen Republik, in: Blätter für Internationales Privatrecht 6. Jhrg. (1931), Sp. 267—278
Franke, Herbert, Altchinesische Literatur. Das klassische Schrifttum der Konfuzianer, Kevelaer (ohne Erscheinungsjahr)
—, Sinologie, Bern 1953
Franke, Otto, Die Rechtsverhältnisse am Grundeigentum in China, Leipzig 1903
—, Artikel „Chinesisches Recht" im Handwörterbuch der Rechtswissenschaft (hrsg. von F. Stier-Somlo und A. Elster) Berlin, Leipzig 1926, S. 867—871
Franke, Wolfgang, Die Rolle der Tradition im heutigen China, in: Moderne Welt 1961/62 S. 146ff.
Freedman, Maurice, Chinese Family and Marriage in Singapore, London 1957
—, Lineage Organization in Southeastern China, London 1958
Gans, Eduard, Das Erbrecht in weltgeschichtlicher Entwicklung, Bd. I (S. 98—123: Chinesisches Erbrecht) Berlin 1824
Greenfield, D. E., Marriage by Chinese Law and Custom in Hong Kong, in: The International and Comparative Law Quarterly, Bd. 7 (1958), London S. 437ff.
Hozumi, Nobushige, Ancestor-worship and Japanese Law, Tokyo 1901 (ins Deutsche übersetzt von Paul Brunn, Berlin 1901)
Huang Yu-ch'ang, Etude des régimes successoraux in: Bulletin de littérature et de droit, Université l'Aurore, Shanghai, No. 10 (1926), S. 115—123
Ikeda, Riuichi, Die Hauserbfolge in Japan, Berlin 1903
Jamieson, G., Translations from the Lü-li, or General Code of Laws of the Chinese Empire, in: China Review Bd. VIII (1879/80), S. 193—205
Jörs-Kunkel, Römisches Privatrecht, 3. Aufl. Berlin 1949
Kaser, Max, Eigentum und Besitz im älteren römischen Recht, 2. Aufl. Köln 1956
—, Das römische Privatrecht, in: Handbuch der Altertumswissenschaft (hrsg. von Hermann Bengtson) 10. Abt., 3. Teil, 3. Bd., 1. Abschnitt, München 1955 und 2. Abschnitt, München 1959
—, Römisches Privatrecht. Ein Studienbuch, München 1960
Kegel, Gerhard, Internationales Privatrecht. Ein Studienbuch, München und Berlin 1960
Kipp-Coing, Erbrecht, V. Bd. des Lehrbuchs des Bürgerlichen Rechts von Enneccerus-Kipp-Wolff, 11. Bearb. 1960
Kirfel, H., Das Gewohnheitsrecht bei Kauf und Verkauf von Immobilien in China und Mandschukuo, Dissertation Bonn 1940
—, Das Gewohnheitsrecht in China, in: Sinologica Bd. III (1951), S. 52ff.
Kroker, E. J. M., Rechtsgewohnheiten in der Provinz Shantung, in: Monumenta Serica Bd. XIV (1955), S. 215—302
—, Sachenrechtliche Gewohnheiten in der Provinz Feng-t'ien (China), in: ZvglRW. 62. Bd. (1960), S. 1—84
Lang, Olga, Chinese Family and Society, New Haven 1946
Lange, Heinrich, Lehrbuch des Erbrechts, München und Berlin 1962
Lee, Luke T., Towards an Understanding of Law in Communist China, Golden Jubilee Congress Paper, Hong Kong University, Sept. 1961

Levy M. J., The Family Revolution in Modern China, Cambridge Mass. 1949
Liu, Hui-chen Wang, The Traditional Chinese Clan Rules, New York 1959
Loeber, D. A., Das Erbrecht in der Volksrepublik China, in: Osteuropa-Recht 5. Jahrg. (1959), S. 122—126
Mäding, Klaus, Wirtschaftswachstum und Kulturwandel in Hongkong. Köln und Opladen 1964
Maine, Henry Sumner, Ancient Law, 6. Aufl. London 1876
McAleavy, H., Certain Aspects of Chinese Customary Law in the Light of Japanese Scholarship, in: Bulletin of the School of Oriental and African Studies, Bd. XVII (1955), S. 535—547
Mitchell-Innes, N. G., Adoption, in: China Review Bd. XIV, S. 199—205
Needham, J., Science and Civilisation in China, Cambridge, Bd. I 1954, Bd. II 1956
Niida, Noboru, Chukoku hōsei shi, „Geschichte des chinesischen Rechtssystems", Tokyo 1952
Norton-Kyshe, J. W., The History of the Laws and Courts of Hong Kong, 2 Bde. London, Hong Kong 1898
Palandt, Bürgerliches Gesetzbuch (bearb. von B. Danckelmann, H. Gramm, U. Hoche, T. Keidel, W. Lauterbach), 22. Aufl. München und Berlin 1963
Parker, E. H., Comparative Chinese Family Law, in: China Review Bd. VIII (1879/80), S. 69
Planitz, Hans, Deutsche Rechtsgeschichte, 2. Aufl. bearb. von Karl August Eckhardt, Graz und Köln 1961
Roy, Ajit Gopal, Commentary on Hindu Law (Past and Present), Patna 1960
Schnitzer, A. F., Vergleichende Rechtslehre, 2 Bde., 2. Aufl. Basel 1961 (insbes. „China" Bd. I, S. 378—386)
Siao T'ong, De la succession et de l'adoption en droit chinois, in: Bulletin de littérature et de droit, Université l'Aurore, Shanghai No. 10 (1926), S. 78—114, No. 11 (1927), S. 40—84, No. 12 (1927), S. 67—95
Smith, Arthur H., Chinese Characteristics, New York 1894
Staudinger, J. v., Kommentar zum Bürgerlichen Gesetzbuch, 11. Aufl. im Erscheinen, Berlin 1954ff.
Staunton, George Thomas, Ta Tsing Leu Lee, Penal Code of China, London 1810
Suen Peng-hien, Les principes généraux du droit de succession en Chine (jusqu'à la fin du premier quart du XXe siècle), thèse, Nancy 1929
Tai Yen-hui, Chung kuo shen fen fa shih, „Geschichte des Personenrechts Chinas", Taipei 1959
—, Chung kuo fa chih shih kai yao, „Prinzipien der Geschichte des chinesischen Rechtssystems" Taipei 1960 (zitiert: aaO.)
—, Li chi, „Nachträgliche Erbeinsetzung", in: Fa hsüeh ts'ung k'an, „Gesammelte Jurisprudenz", Taipei Jhrg. 1958 No. 10 S. 20—35, No. 11 S. 61—80
Van der Sprenkel, Sybille, Legal Institutions in Manchu China, London 1962
Van der Valk, M. H., Conservativism in Modern Chinese Family Law, Leiden 1956
—, The Law of Inheritance in Eastern Europe and in the People's Republic of China, Part II: China (hrsg. von Z. Szirmai), Leyden 1961 (zitiert: v. d. Valk, Inheritance, China 1961)
Van Gulik, R. H., T'ang-yin-pi-shih: Parallel cases from under the Pear-tree, Leiden 1956

Ward, Barbara, A Hong Kong Fishing Village, in: Journal of Oriental Studies, Hong Kong, Bd. I (1954) No. 1, S. 206ff.

Westrup, C. W., Introduction to Early Roman Law, Bd. II Part 1 Sect. 2: Joint Family and Family Property, Copenhagen, London 1934

Wieacker, F., Hausgenossenschaft und Erbeinsetzung, in: Festschrift für Heinrich Silber. Bd. I 1941, S. 1—58

Wilhelm, Hellmut, Gesellschaft und Staat in China, Hamburg 1960

Wolf, Arthur P., Female Adoption in Taiwan (Manuskript)

Ohne Verfasserangabe, Besprechung von Jean Escarra, Chinese Law and Comparative Jurisprudence, Tientsin 1926, in: ZAIP. 2. Jhrg. (1928), S. 330

Ohne Verfasserangabe, China, Bürgerliches Gesetzbuch, in: ZAIP. 6. Jhrg. (1932), S. 263

EINLEITUNG

Das chinesische traditionelle Erbrecht als geschichtliches und heute geltendes Recht

Das chinesische Recht ist weitgehend unerschlossen. Das gilt sowohl für das geschichtliche als auch für das moderne Recht. Bruchstücke des chinesischen traditionellen Rechts aus verschiedenen Dynastien sind von westlichen Autoren vorgelegt worden[1].

In diesem Stadium, in dem teilweise die Fundamente des chinesischen Rechts noch nicht genügend erforscht sind, kann jeder bescheidene Beitrag nützen, der nicht auf Spekulationen aufbaut.

Aus der letzten chinesischen Dynastie (Mandschu-Dynastie oder Ch'ing-Dynastie, 1644—1911) haben hauptsächlich amerikanische Gelehrte wertvolle Informationen über das Verwaltungsrecht erschlossen.

Das Privatrecht der Mandschu-Dynastie wurde in europäischen Sprachen in verschiedenen, weit zurückliegenden Arbeiten in oft unzureichender Art behandelt. Die älteren Untersuchungen stützen sich meist ausschließlich auf das offizielle Gesetzbuch der Mandschu-Dynastie (Ta Ch'ing Lü Li)[2]. Wie ungenügend und irreführend dieses Material ist, wird gezeigt werden[3]. Neuere Literatur über das Privatrecht der letzten chinesischen Dynastie ist in europäischen Sprachen spärlich. Das auf Felduntersuchungen beruhende Quellenmaterial der vorliegenden Arbeit wird unten vorgestellt werden[4].

Kenntnisse vom chinesischen traditionellen Recht sind die unabdingbare Grundlage für eine eingehendere Erforschung des modernen chinesischen Rechts. Wo die Worte des modernen Gesetzesrechts enden, ist derjenige meist hilflos, der ohne die rechtsgeschichtlichen Grundlagen des chinesischen Rechts auszukommen glaubt. Verwertbar ist das Recht insbesondere der Periode, die den Umwälzungen unmittelbar vorausging, die sich in unserem Jahrhundert im chinesischen Recht abspielten. Das Recht der Mandschu-Dynastie (1644—1911) bildet die methodisch notwendige Vergleichsgröße, an der der rechtliche Wandel im modernen China abzumessen ist.

Dieses Recht der Mandschu-Dynastie ist nicht das eigenartige Recht eines kurzen Zeitabschnittes gewesen, vielmehr stellt es den Abschluß

---

[1] H. Franke, Sinologie, Bern 1953, S. 151—156.

[2] Chinesisch: 大清律例

[3] Abschnitt 1 (Das chinesische traditionelle Recht), S. 6ff.

[4] Abschnitt 2.1 (Material der Untersuchung), S. 11ff.

einer kontinuierlichen Rechtsentwicklung des chinesischen Kulturkreises dar. Große Teile des chinesischen Rechts vom Ende des 19. Jahrhunderts stammen aus geschichtlich sehr weit zurückliegenden Epochen[5]. Eine Untersuchung des Privatrechts vom Ende des 19. Jahrhunderts gibt daher Recht wieder, das zu einem wesentlichen Teil geschichtlich viel älter ist.

Die Familie als Grundeinheit der Gesellschaft in China wie außerhalb Chinas prägte die chinesische Kultur im Laufe ihrer langen Geschichte in einem umfassenden Maße. Die in der Familie entwickelten Normen wirkten über ihren Ursprungsbereich hinaus auf die gesamte chinesische Gesellschaft. Das Erbrecht als Verbindungsglied zwischen Familien- und Vermögensrecht ist in der chinesischen traditionellen Gesellschaft eine zentrale privatrechtliche Normengruppe und eröffnet vielseitige, gesellschaftlich aufschlußreiche Bezüge. In der Bestandsaufnahme des chinesischen geschichtlichen Rechts ist das Erbrecht ungenügend berücksichtigt[6].

Eine Untersuchung des im 20. Jahrhundert geltenden chinesischen Rechts zeigt, daß gerade das chinesische traditionelle Erbrecht — wie übrigens auch das Familienrecht — als wichtiger Teil des traditionellen Rechtssystems sich im Wandel bis in unsere Gegenwart in Teilen erhalten hat.

Mit dem Sturz der Mandschu-Dynastie (1911) wurde nicht sofort das chinesische traditionelle Recht hinfällig. Die Fertigstellung neuer Gesetze nahm Zeit in Anspruch[7]. So galt auch nach 1911 das Gesetzbuch der Mandschu-Dynastie in der letzten Fassung von 1910 weiter[8]. Ausgenommen von der Fortgeltung wurden die Gesetzesbestimmungen, die der neuen Regierungsform widersprachen. Die meisten der uns hier interessierenden gesetzlichen Bestimmungen des Mandschu-Gesetzbuches zum Familien- und Erbrecht galten weiter[9].

---

[5] Vgl. Seite 8, sowie Ch'ü T'ung-tsu, Law and Society in Traditional China, Paris 1961, S. 10, S. 281.

[6] Siehe O. Franke, Die Rechtsverhältnisse am Grundeigentum in China, Leipzig 1903, S. 45.

[7] Allerdings hatte schon seit 1903 eine Reform des Rechts begonnen.

[8] Rechtsgrundlage dafür ist eine Verordnung des Staatspräsidenten vom 10. 3. 1912 (K. Bünger, Die Quellen des chinesischen Privatrechts in: Blätter für Internationales Privatrecht IV. Jahrgang [1929] Spalte 197), die bestätigt wurde durch verschiedene Entscheidungen des Obersten Gerichtshofs der Republik China (Chinesisch: 大理院 Ta Li Yüan, zum Beispiel Entscheidung vom 19. 2. 1914. Vgl. J. Barraud, im Anhang, Note II, S. 5 in: G. Boulais, Manuel du code chinois, Shanghai 1924, mit Fundstelle.

[9] Vgl. Übersicht bei J. Escarra, Le droit chinois, Peking, Paris 1936, S. 104, Anm. 52.

Das Gewohnheitsrecht galt fort[10]. So wurde 1929 schätzungsweise für 80% der chinesischen Gesamtbevölkerung lediglich nach traditionellem örtlichen Gewohnheitsrecht Recht gesprochen[11].

Formell wurde das Familien- und Erbrecht der Mandschu-Dynastie verdrängt, als am 5. Mai 1931 der letzte Teil des Bürgerlichen Gesetzbuches der Republik China (zitiert: Chin. BGB.) in Kraft trat[12]. Dieses Gesetz ist eine radikale, westlich orientierte Neuschöpfung[13]. Es enthält zum Beispiel im Gegensatz zum Entwurf von 1926[14] und dem alten japanischen BGB. von 1898[15] nicht mehr die Erbfolge in den Ahnenkult. Da das Gesetz der chinesischen Tradition wenig entsprach, blieb es in

---

[10] Ein wertvoller Beleg ist der „Bericht über die Untersuchung der zivil- und handelsrechtlichen Gewohnheiten" (Chinesischer Titel: 民商事習慣調查報告錄 Min shang shih hsi kuan tiao ch'a pao kao lu, 2 Bände), der das Material einer Untersuchung enthält, die 1918 in ganz China durchgeführt wurde und 1930 vom chinesischen Justizministerium veröffentlicht wurde. Dieser Bericht enthält traditionelles Recht. Teile dieses chinesischen Werkes sind von E. J. M. Kroker übersetzt, siehe Abschnitt 2. Siehe auch J. Barraud, loc. cit.

[11] Betz, in: Rechtsvergleichendes Handwörterbuch für das Zivil- und Handelsrecht des In- und Auslandes (hrsg. von F. Schlegelberger) Band I Teil 2, S. 328—391 (Länderbericht China bearbeitet von Heinrich Betz unter Mitwirkung von Heinz Lautenschlager) Berlin 1929, S. 331. Allerdings schränkte die Rechtsprechung des Obersten Gerichtshofs der Republik China die überkommenen Rechtsanschauungen zugunsten westlicher Rechtsgrundsätze ein, ohne daß jedoch unmittelbar ein großer Teil der chinesischen Bevölkerung erreicht worden wäre. Beispielsweise gestattete diese Rechtsprechung im Gegensatz zum traditionellen Recht, wie es weiterhin im Volk geübt wurde (siehe unten S. 87), die Nachlaßteilung während der Trauerzeit (Suen, aaO., S. 111). Wegen der Mischung traditionellen Rechts mit modernen westlichen Einflüssen werden diese Entscheidungen aus methodischen Gründen hier nicht als Material benutzt. Siehe Urteile des Obersten Gerichtshofs der Republik China, gesamter Text des 1. Bandes des 大理院判例要旨匯覽 Ta li yuan p'an li yao chih hui lan und des 1. Bandes des 大理院判例要旨匯覽續編 Ta li yuan p'an li yao chih hui lan hsü pien in französischer Übersetzung in dem von J. Escarra, Liou Tscheng-tchong, Houx Koung-ou, Liang J'en-kie, Hou Wen-ping herausgegebenen Werk: Recueil des Sommaires de la jurisprudence de la Cour suprême de la République de China, en matière civile et commerciale (1912/1918) 2 Bände, erschienen Peking 1924/25 mit Supplément (1919/23) 1 Band, Peking 1926.

[12] In die deutsche Sprache übersetzt von Karl Bünger, Zivil- und Handelsgesetzbuch sowie Wechsel- und Scheckgesetz von China (zitiert: Bünger, Chin. BGB.) Marburg 1934, S. 17.

[13] Siehe Anhang 3, S. 108.

[14] Dort §§ 11—39, siehe K. Bünger, Chin. BGB., S. 89.

[15] Dort §§ 964ff. „Hauserbfolge", siehe K. Vogt, Japanisches BGB., Yokohama 1921.

vieler Hinsicht bloßes Papier ohne tatsächliche Geltung[16]. Das gilt insbesondere für die ländlichen Gebiete Chinas[17].

Auch wegen der politischen Wirren, der Besetzung von weiten Teilen Chinas durch die Japaner und wegen des Bürgerkrieges zwischen Nationalchinesen und Kommunisten hat das chinesische BGB. räumlich nur begrenzte Geltung erlangt[18].

Wenn das Chin. BGB. auch mit der chinesischen Tradition brach, gestattete es doch die Anwendung großer Teile des traditionellen Gewohnheitsrechts[19]. Zum Beispiel in den Artikeln 1, 2, 68, 161, 207, 314, 369, 372, 378, 429, 439, 450, 483, 488, 491, 778, 781, 784—786, 793, 836, 838, 846, 950 . . . usw.

Dasselbe gilt auch im Erbrecht, das nur „rahmenhaft" in 88 Paragraphen geregelt ist[20].

Nach der Vertreibung der Nationalchinesen vom chinesischen Festland gilt das Chin. BGB. heute nur noch in Taiwan (Formosa)[21].

In der Volksrepublik China wurde das nationalchinesische Bürgerliche Gesetzbuch aufgehoben[22]. Nach Artikel 12 der Verfassung der Volksrepublik China vom 20. 9. 1954 schützt der Staat das Recht des Bürgers, Privatvermögen zu erben[23]. Das Erbrecht ist gesetzlich bisher nur in drei Bestimmungen des Ehegesetzes vom 13. April 1950 (Art. 12, 14, 15) geregelt[24]. Im übrigen gelten in der Volksrepublik China Teile

---

[16] E. BALAZS, Le droit chinois in: Aspects de la Chine, Bd. I, Paris 1959, S. 200, ähnlich K. BÜNGER, in Zeitschrift für ausländisches und internationales Privatrecht, zitiert: ZAIP (1951) S. 119, K. BÜNGER, Religiöse Bindung im chinesischen Recht in: K. BÜNGER und Hermann TRIMBORN, Religiöse Bindungen in frühen und orientalischen Rechten, Wiesbaden 1952, S. 67.
Kritik aufgrund sowjetischer Quellen als „volksfremd" D. A. LOEBER, Das Erbrecht in der Volksrepublik China in: Osteuropa-Recht V. Jahrgang (1959) S. 122.

[17] Adolf F. SCHNITZER, Vergleichende Rechtslehre, Basel 2. Auflage, 1961, Bd. I S. 386.

[18] Im einzelnen BETZ aaO., S. 330.

[19] J. ESCARRA, aaO., S. 126, K. BÜNGER, Das neue chinesische BGB. in: Blätter für Internationales Privatrecht, 6. Jahrgang, (1931), Spalte 262, V. D. VALK, Conservativism in modern Chinese family law, Leiden 1956, S. 58.

[20] K. BÜNGER, Chin. BGB., S. 89.

[21] Es löste 1945 das japanische Recht ab, das dort 1923 eingeführt worden war, jedoch das chinesische traditionelle Gewohnheitsrecht nicht vollkommen hatte verdrängen können. Der Große Brockhaus, Stichwort „Formosa", 1954. Etwas unklar A. SCHNITZER, aaO., Bd. I, S. 386.

[22] Näheres bei K. BÜNGER, Das Ehegesetz der Volksrepublik China von 1950 in: ZAIP, 16. Jahrgang (1951), S. 112ff.

[23] Deutsche Übersetzung durch Bernhard CORINTH, Das Erbrecht der Volksrepublik China, ZAIP (1959), S. 720. Vgl. auch D. LOEBER, aaO., S. 122—126.

[24] Art. 12: „Die Ehegatten sind gegenseitig erbberechtigt."
Art. 14: „Eltern und Kinder sind gegenseitig erbberechtigt."

des chinesischen traditionellen Erbrechts fort, soweit sie von der kommunistischen Doktrin geduldet werden[25].

Erstaunlich viele Beispiele vom andauernden Einfluß traditioneller Rechtsanschauungen auf dem chinesischen Festland sind bekannt[26].

Deren Beurteilung und Verständnis setzt das System des chinesischen traditionellen Erbrechts voraus.

Das hier bearbeitete chinesische traditionelle Erbrecht besteht auch in der britischen Kronkolonie Hongkong fort, wie ich bei zwei je einjährigen Aufenthalten 1960/61 und 1964/65 dort feststellen konnte[27].

Auch an anderen Plätzen Südostasiens mit chinesischer Bevölkerung gilt das chinesische traditionelle Recht gewohnheitsrechtlich weiter, zum Beispiel in Singapore[28].

In nichtchinesischen Ländern Asiens (in Korea, Japan, der Mongolei, Vietnam) war das chinesische traditionelle Recht rezipiert worden. Es gab einen chinesischen Rechtskreis[29]. Das chinesische traditionelle Recht spielte eine ähnliche Rolle wie das römische in Europa. Auch in den genannten Ländern lebt in verschiedenen, sich wandelnden Formen das chinesische traditionelle Recht fort.

Das in der vorliegenden Untersuchung bearbeitete Recht ist also nicht nur Abschluß einer mehrtausendjährigen Rechtsentwicklung, sondern zugleich auch heute geltendes Recht.

(Die beiden ersten Artikel in der Übersetzung von BÜNGER in ZAIP [1951], S. 123).
Art. 15: „Uneheliche Kinder genießen die gleichen Rechte wie eheliche Kinder. Niemand darf sie benachteiligen oder geringer achten." (In der Übersetzung von D. LOEBER, aaO., S. 123).

[25] Zum Teil ruft ihr Fortbestehen heftige Kritik von Regierungsstellen hervor. (KROKER, Sachenrechtliche Gewohnheiten in der Provinz Feng-t'ien [China] in: Zeitschrift für vergleichende Rechtswissenschaft 62. Band [1960], S. 4).

[26] VAN DER VALK, Conservativism ... S. 67, derselbe, The Law of Inheritance in Eastern Europe and in the People's Republic of China, II. China, S. 320, 331. Zustimmend A. F. P. HULSEWE in: Sinologica, Bd. 5 (1958), S. 162—163 und im Vorwort zu CH'Ü T'ung-tsu, Law and Society in Traditional China, Paris 1961, S. 2. Vgl. auch D. LOEBER, aaO., S. 124—125 (u. a. zu Nebenfrauen).

[27] Die Rechtsgrundlagen für das Fortgelten chinesischen traditionellen Rechts in Hongkong sind eingehend im Anhang 2 dargestellt.

[28] Vgl. M. FREEDMAN, Chinese Family and Marriage in Singapore, London 1957.

[29] K. BÜNGER, in: Blätter für Internationales Privatrecht (1931), Spalte 257.

HAUPTTEIL

1. Das chinesische traditionelle Recht

1.1 Begriff

Häufig wird das chinesische Wort „fa"[30] oder „fa lü"[31] mit „Recht" übersetzt. Tatsächlich heißen diese chinesischen Worte beide nur „Gesetz". Außer den Gesetzen gehören zum chinesischen Recht klassische Schriften und Gewohnheitsrecht. Insgesamt galt im traditionellen China ein anderer Begriff vom Recht als im Abendland[32]. Es wird behauptet, daß „das Recht in China nur eine sekundäre, subsidiäre Geltung hat"[33].

In erster Linie bestimmt sich das Verhalten der Menschen und auch die Entscheidung der chinesischen Richter nach dem konfuzianischen System der „Sittlichkeit", den Li[34]. Li ist „das, was moralischerweise getan werden muß, was einer guten Sozialordnung, der universellen Harmonie entspricht"[35].

Es ist der Inhalt der konfuzianischen Ethik, wie sie durch Jahrhunderte hindurch in einer doktrinären Erziehung dem Bewußtsein der Chinesen eingeprägt wurde. Sie schlug sich gleichermaßen in klassischen Schriften, Gesetzen und Gewohnheitsrecht nieder[36].

---

[30] 法 Etymologie des Wortes bei J. Escarra, aaO., S. 16, Anm. 25.
Vgl. auch O. Franke in: Handwörterbuch der Rechtswissenschaft, Artikel „Chinesisches Recht", Berlin, Leipzig 1926, S. 867.

[31] 法律

[32] Besprechung ohne Verfasserangabe in: Zaip (1928) S. 330.

[33] Lone Liang, Die Entwicklung des Rechtswesens in China in den letzten 30 Jahren in: Sinica, VI. Jahrgang, 1931, S. 201. Ähnlich A. Schnitzer, aaO., Bd. I, S. 380.

[34] 禮

[35] J. Escarra, aaO., S. 16. Grundsätze der Li bei Feng Yu-lan, A History of Chinese Philosophy, Bd. I (übersetzt von D. Bodde ins Englische), Peking 1937, S. 337. Vgl. zum Ordnungsbegriff der Chinesen Marcel Granet, La penseé chinoise, Paris 1950, S. 341, 389. „Li" ist sowohl mit „Religion" als auch mit „Recht" übersetzt worden. Die Herkunft des Begriffes ist rein religiös (K. Bünger, Religiöse Bindungen . . . S. 63).

[36] Mir scheint, daß den Bedenken Büngers (Rechtsquellen . . ., S. 63), Rechnung getragen ist, wenn systematisch davon ausgegangen wird, daß die „Li" im Widerspruchsfall dem Gesetz vorgehen, während grundsätzlich Gesetz, klassische Schriften und Gewohnheitsrecht als Ausdruck der „Li" gleichrangig sind.

Nach der herrschenden konfuzianischen Auffassung war der Geltungsgrund des Rechts die Übereinstimmung mit der „Sittlichkeit", nicht die Autorität des Gesetzgebers[37]. Die genannten Rechtsquellen wurden vom Richter nur angewandt, falls sie der „Sittlichkeit" entsprachen. Diese Grundlage aller chinesischen Rechtsnormen bestand nicht nur aus allgemeinen Grundsätzen im Sinne von „Treu und Glauben" und „pacta sunt servanda", sondern war ein höchst konkretes und kompliziertes System ethischer Regeln.

Das Recht übernahm nur begrenzte Funktionen[38]. Es korrigierte in der Hand der staatlichen Organe die Fehlanpassungen. So ist das chinesische Recht, wie es uns in den Gesetzbüchern der Dynastien überliefert ist, vorwiegend Strafrecht. Nach chinesischer Auffassung ist die Ordnung desto besser, je weniger gerichtliche Entscheidungen gefällt werden[39].

Dem Ordnungsbegriff der Chinesen ist die absolute Bindung an Gesetze fremd[40]. Man hat sogar formuliert: „Die chinesische Vorstellung von Ordnung schließt ... den Begriff des Gesetzes aus"[41].

Der chinesische Richter war nicht in der gleichen Weise wie sein europäischer Kollege an das Gesetz gebunden, in seinen Entscheidungen zitierte er auch kaum Rechtsquellen. In China sind die Gesetze nur Modelle[42]. Sie werden nicht unter allen Umständen angewandt[43]. Ja, für Beamte gilt sogar das chinesische Sprichwort „Man liest das Gesetzbuch nicht"[44].

Was im Gesetzbuch steht, ist nicht notwendigerweise in Kraft[45]. Diese letzte Bemerkung bezieht sich darauf, daß in den traditionellen chinesischen Gesetzbüchern häufig respektvoll Vorschriften aus den Gesetzen des Altertums aufgenommen sind, die nicht mehr für die bestehende Sozialordnung passen.

---

[37] J. Escarra, aaO., S. 80. Auf den bekannten Streit zwischen Konfuzianern und Legisten soll hier nicht näher eingegangen werden. Dazu Ch'ü T'ung-tsu, aaO., S. 226ff., J. Escarra, aaO., S. 31ff.

[38] J. Escarra, aaO., S. 125, 20.

[39] Chinesisch: p'i i chih p'i 辟以止辟

Das heißt: Strafen, um nicht mehr zu strafen. J. Escarra, aaO., S. 8.

[40] So auch Betz, aaO., S. 329.

[41] M. Granet, aaO., S. 586, 590.

[42] J. Escarra, aaO., S. 70, 74.
M. Granet, aaO., S. 338, 341, 416, 586, 590.
E. Balazs, aaO., S. 197.

[43] J. Escarra, aaO., S. 20, 62, 74.

[44] van Gulik, T'ang-yin-pi-shih, Leiden 1956, S. VII.

[45] Wang Tschen-sien, Chung kuo ku tai fa li hsüeh „Juristische Prinzipien des chinesischen Altertums", S. 5, zitiert nach J. Escarra, aaO., S. 75.

1.2 Normensystem

Die klassischen Schriften, die Gesetze und das Gewohnheitsrecht sind die Rechtsquellen im traditionellen China.

A. Die Bedeutung der klassischen Schriften[46] Chinas als Rechtsquelle ist allgemein anerkannt[47]. Sie stehen neben den Gesetzbüchern und dienen dem Richter unmittelbar zur Entscheidung von Rechtsfällen. BÜNGER nennt für die T'ang-Zeit Shu-ching, Li-chi und Chou-li als häufig bei der Entscheidung von Rechtsfällen verwandte Klassiker[48]. Sie galten keineswegs nur subsidiär, wie sich schon aus dem ungeheuren Prestige ergibt, das sie für Chinesen besaßen.

Es wäre sogar möglich, bei einem Konflikt zwischen Gesetz und klassischen Schriften einen Vorrang der Klassiker anzunehmen. Eine klare Entscheidung ist, soweit bekannt, in der chinesischen Rechtstheorie nicht gefällt worden. BÜNGER diskutiert das Problem ausführlich, und kommt zu dem Ergebnis, daß „von einem grundsätzlichen Zurücktreten des Gesetzesrechts vor den Sätzen der klassischen Schriften nicht gesprochen werden kann“[49].

Zur Ergänzung ist zu bemerken, daß auch rechtsphilosophische Abhandlungen und Rechtssprichworte Rechtsquellen waren[50].

B. Die gesetzliche Rechtsgrundlage[51] für das Erbrecht ist das Gesetzbuch der Mandschu-Dynastie, das Ta Ch'ing Lü Li[52] (hier Ch'ing-Codex genannt). Es ist das vom Kaiser als oberstem Gesetzgeber erlassene Gesetz. Es besteht, wie der Name sagt, aus Lü (Gesetzen) und Li (Zusatzartikeln). Die Lü sind gesetzliche Bestimmungen, die seit Jahrhunderten aus den Gesetzen der vorhergehenden Dynastien beinahe unverändert übernommen wurden. Auch die Gesetzbücher der T'ang-Dynastie[53]

---

[46] Es sind u. a. die „Fünf Kanonischen Bücher“ und die „Vier Klassischen Bücher“, vgl. H. FRANKE, Altchinesische Literatur, das klassische Schrifttum der Konfuzianer, Kevelaer (ohne Erscheinungsjahr), S. 2.

[47] K. BÜNGER, Rechtsquellen . . . S. 62; Wolfram EBERHARD, Chinas Geschichte, Bern 1948, S. 97; J. ESCARRA, aaO., S. 282.
VAN DER SPRENKEL übersetzte Regeln für lokale Beamte nach WANG Hui-tsu, bei denen die Klassiker als Grundlage für Gerichtsentscheidungen genannt werden, SYBILLE VAN DER SPRENKEL, Legal Institutions in Manchu China, London 1962, S. 44, Zif. 22.

[48] K. BÜNGER, Rechtsquellen . . . S. 61.

[49] K. BÜNGER, Rechtsquellen . . . S. 65, siehe auch S. 61—65.

[50] Beispiel bei G. BOULAIS, Manuel du code chinois, Shanghai 1924, S. 195.

[51] Abgesehen von der bisher ungenügend erschlossenen „Sammlung der Statuten der Ch'ing-Dynastie“, die überwiegend Staatsrecht enthält (Ta Ch'ing Hui Tien 大清會典 in verschiedenen Ausgaben).

[52] 大清律例

[53] K. BÜNGER, Chin. BGB., S. 13, T'ang-Recht bearbeitet durch K. BÜNGER, Rechtsquellen . . .

(618—907 AD.) und der vorhergehenden Dynastien[54] sind Grundlage der Gesetzesbestimmungen im Ch'ing-Codex.

Die Li (Zusatzartikel) sind kaiserliche Erlasse, die das Gesetz den sich ändernden sozialen Verhältnissen anpassen sollen. Sie haben die gleiche Gesetzeskraft wie die Lü, können jedoch im Gegensatz zu den unveränderlichen Lü geändert und abgeschafft werden[55].

Die erste Fassung des Ch'ing-Codex stammt von 1646. Aber erst seit 1740 wurden Li (Zusatzartikel) hinzugefügt, und erst seit dieser Zeit trug der Codex den endgültigen Namen Ta Ch'ing Lü Li. Die Ausgabe von 1890 war in den letzten Jahren der Dynastie in Kraft. Sie wurde in der vorliegenden Untersuchung in der Fassung, die G. BOULAIS[56] seiner Übersetzung zugrunde legt, benutzt.

Der Ch'ing-Codex ist in 7 Bücher aufgeteilt:

1. Allgemeine Regeln
2. Öffentliche Aufgaben
3. Familie
4. Riten
5. Armee
6. Strafen
7. Öffentliche Arbeiten.

Die uns hier interessierenden erbrechtlichen Vorschriften stehen im 3. Buch. Außer den Lü und Li enthält eine vollständige Ausgabe[57] des Ch'ing-Codex

— einen offiziellen Kommentar, der Gesetzeskraft hat,
— eine erklärende Umschreibung des Textinhaltes,
— den „oberen Kommentar", der sich oben auf der Seite befindet, und Erlasse und Zusammenfassungen von gerichtlichen Entscheidungen enthält.

Alle Bestimmungen des Ch'ing-Codex sind verbunden mit Strafsanktionen, die nach dem System der „Fünf Strafen" geordnet sind[58]. Die Strafsanktionen bedeuten nicht, daß das Gesetzbuch keine zivilrechtlichen Normen enthielte[59]. Insofern trifft die Auffassung von BETZ[60] nicht zu, wonach „für die ‚ältere Zeit'[61] in China von einer

[54] J. ESCARRA, aaO., S. 100. Für die geschichtliche Entwicklung in ihren Einzelheiten vgl. ESCARRA, aaO., S. 87—105, CH'Ü T'ung-tsu, aaO., S. 276, Anm. 295.

[55] BOULAIS, aaO., S. V. Vgl. ESCARRA, aaO., S. 77.

[56] Manuel du code chinois, Shanghai 1924. Chinesischer Name: Ta Ch'ing Lü Li Pien Lan 大清律例便覽.

[57] Einen guten Überblick über die Textanordnung auf einer Seite des Ch'ing-Codex gibt S. v. D. SPRENKEL, aaO., S. 131.

[58] Näheres hierzu BOULAIS, aaO., S. 2—6.

[59] In Übereinstimmung mit A. SCHNITZER, aaO., Band I, S. 380.

[60] aaO., S. 328.

[61] Worunter er auch die Zeit des Ta Ch'ing Lü Li versteht (Anm. des Verfassers).

Gesetzgebung und Jurisprudenz auf dem Gebiete des Zivil- und Handelsrechts überhaupt nicht die Rede sein könne". BETZ widerlegt sich selbst, indem er bei zivilrechtlichen Fragen den Ch'ing-Codex zitiert.

Der Ch'ing-Codex ist abgefaßt in einer „juristischen Fach- und Kunstsprache extremer Ausprägung", und verfügt über „größte Prägnanz und Eindeutigkeit in seinen Normen"[62].

C. Für unsere Untersuchung ist der wichtigste Teil des chinesischen traditionellen Normensystems das Gewohnheitsrecht[63], da die beiden vorgenannten Rechtsquellen wenig zum chinesischen traditionellen Erbrecht enthalten.

Die tatsächliche Übung bestimmter Regeln war zum Teil auf ganz China ausgedehnt (gemeines Gewohnheitsrecht), zum Teil beschränkte sie sich auf bestimmte Landesteile (partikuläres Gewohnheitsrecht)[64]. Da das Gesetz im chinesischen Normensystem mehr „Modell" als zwingende Regel war, konnte das auf der „Sittlichkeit" fußende Gewohnheitsrecht das Gesetz außer Kraft setzen[65].

Richterliche Urteile sind im chinesischen traditionellen Recht keine Rechtsquellen[66]. Sie dienen jedoch wie im europäischen kontinentalen Rechtskreis zur Auslegung der Gesetze[67].

---

[62] BÜNGER, Religiöse Bindungen ... S. 66.
Nach ESCARRA (aaO., S. 100) ist der Ch'ing-Codex „die Summe der gesetzgeberischen Erfahrung der Chinesen seit den Anfängen bis zur Zeit der modernen Gesetzgebung". „Es ist eine Summe menschlicher Erfahrung, die Bewunderung verdient." (aaO., S. 101.) Kritisch zum Inhalt chinesischer Codices äußert sich E. BALAZS, Le droit chinois in: Aspects de la Chine, Bd. I, Paris 1959, S. 197: „... ein drakonisches Strafgesetzbuch, dessen Hauptmerkmale das Prinzip der kollektiven Verantwortlichkeit, Ungleichheit vor dem Gesetz, Beibehaltung vererblicher Privilegien und eine veränderliche Gerichtspraxis ... sind".

[63] Näheres in Abschnitt 2, S. 11.

[64] Begriff im Anschluß an ENNECCERUS-NIPPERDEY, Allgemeiner Teil des Bürgerlichen Rechts, I. Halbband, § 40 IV.

[65] A. SCHNITZER, aaO., Bd. I, S. 380.

[66] Vgl. K. BÜNGER, Rechtsquellen ... S. 51.
Die „authentischen Interpretationen" des Kaisers erfüllten jedoch neben den richterlichen auch gesetzgeberische Funktionen (K. BÜNGER, Rechtsquellen ... S. 54; J. ESCARRA, Le droit comparé et la jurisprudence chinoise, in: Introduction à l'étude du droit comparé. [Recueil d'études en l'honneur d'Edouard Lambert.] Paris 1938, 1[0] partie, S. 484) und können zu den Rechtsquellen gerechnet werden. Rechtsprechung, Gesetzgebung und Verwaltung waren im traditionellen China nicht getrennt.

[67] ESCARRA, aaO., S. 268f.
Es gibt verschiedene umfangreiche Sammlungen von Gerichtsurteilen aus der Mandschu-Zeit. Zum Beispiel 刑案滙覽 Hsing an hui lan, 60 Bücher, 1934 und 刑部比照 Hsing pu pi chao, 1834.

2. Material und Methode der Untersuchung

2.1 Das Material, insbesondere das Taiwan Shihō

Die gesetzlichen Grundlagen des chinesischen traditionellen Erbrechts enthält der Ch'ing-Codex von 1890, der in dem Manuel du code chinois von Boulais im chinesischen Text und in französischer Übersetzung wiedergegeben wird[68].

Die sakralerbrechtlichen Bestimmungen stehen im Kapitel 78 des Ch'ing-Codex „Rechtswidrige Erbeinsetzung"[69].

Das Vermögenserbrecht findet sich in Kapitel 87 „Teilung von Familie und Vermögen"[70] und in Kapitel 88 „Junioren, die eigenmächtig über Vermögen verfügen"[71]. Das Gesetz bietet, wie bereits erwähnt, nur geringe Teile des chinesischen traditionellen Erbrechts.

Da das Gesetz so wenig enthält, ist es für eine grundsätzliche Bearbeitung notwendig, andere Rechtsquellen, insbesondere Gewohnheitsrecht zu benutzen. Die wichtigste Quelle dieser Arbeit ist eine Sammlung chinesischen Gewohnheitsrechts, die herausgegeben wurde aufgrund der Untersuchungen eines offiziellen japanischen Komitees in Taiwan. Sie ist bekannt unter dem japanischen Titel „Taiwan Shihō"[72], d. h. „Privatrecht von Taiwan". Sie ist in ihrem systematischen Teil in japanischer Sprache, in dem Dokumentenanhang[73] in chinesischer

---

[68] Erschienen in Shanghai 1924. Meine Übersetzung der Gesetzesstellen kontrollierte ich an dieser französischen Version von Boulais und an der englischen Übersetzung, die Jamieson für eine ältere Fassung des Ch'ing-Codex liefert (Translations from the Lü-li, or General Code of Laws of The Chinese Empire, in China Review, Bd. VIII [1880], S. 193—205).

[69] Chinesisch: 立嫡子違法

Li ti tzu wei fa, siehe Boulais, aaO., S. 186ff. Zur Kritik an der hier noch zur Vereinfachung beibehaltenen wörtlichen Übersetzung vgl. S. 41. Das Kapitel wird zitiert als „Kapitel" 78 (Lü)" für die Gesetzesartikel und „Kapitel 78 (Li 1 usf.)" für die Zusatzartikel. Zum Aufbau des Ch'ing-Codex siehe vorn S. 8f.

[70] Chinesisch: 別籍異財

Pieh chi i ts'ai, siehe Boulais, aaO., S. 197ff.

[71] Chinesisch: 卑幼私擅用財

Pei yu szu shan yung ts'ai, siehe Boulais, aaO., S. 198ff.

[72] Japanisch: 臺灣私法 (hier zitiert TS.).

[73] Der 7 der 13 Bände umfaßt. Hier wird aus dem 2. Ergänzungsband 2. Teil 臺灣私法附錄參考書二卷下 zitiert (abgekürzt TS. Anhang).

Sprache abgefaßt, wurde 1910—11 herausgegeben und umfaßt 13 Bände[74] und 5866 Blatt[75]. Sie stellt eine umfassende Darstellung chinesischen traditionellen Gewohnheitsrechts dar und enthält gemeines chinesisches und partikuläres taiwanesisches Gewohnheitsrecht, wie es am Ende des 19. und zu Beginn des 20. Jahrhunderts galt.

Obwohl diese Quelle erst 1910—11 herausgegeben wurde, ist sie doch von den rechtlichen Veränderungen und den westlichen Einflüssen, die insbesondere seit 1903[76] im chinesischen Kaiserreich wirkten, nicht mehr erreicht worden, da damals Taiwan japanische Kolonie geworden war (seit 1895). Die japanische Kolonialverwaltung Taiwans war daran interessiert, dieses chinesische traditionelle Recht zu erforschen[77], und sie hat eine Materialsammlung chinesischen Rechts geschaffen, die ihresgleichen sucht.

In einer grundsätzlichen Studie über die Erforschung chinesischen Rechts, die zutreffende Kritik an der bisherigen Literatur enthält, nennt Henry McAleavy[78] das Taiwan Shihō eine „unentbehrliche Fundgrube für Information über alle Gebiete chinesischen Privatrechts". An anderer Stelle sagt er[79]: „. . . in ihrer meisterhaften Klarheit ist die Darlegung des Taiwan Shihō auch nach mehr als 40 Jahren unübertroffen". Diese Quelle ist bisher von westlichen Autoren, die sich im allgemeinen bitter über den Mangel an Quellen im chinesischen traditionellen Recht beklagen[80], nicht erschlossen worden[81].

Das Material der hier vorgelegten Untersuchung ist im wesentlichen dem erbrechtlichen Teil des Taiwan Shihō (zitiert: TS.) entnommen, den ich während eines dreimonatigen Aufenthalts in Taiwan (Formosa, Republik China) im Sommer 1961 unterstützt durch den Rat chinesischer Juristen durchgearbeitet habe.

Neben dem Taiwan Shihō zog ich ergänzend zum Gewohnheitsrecht den vor der Veröffentlichung des Hauptwerks des TS. in englischer

---

[74] Zitate TS. stammen aus dem 2. Bd., 2. Teil.

[75] Vgl. Tōyō Bunka 東洋文化 (Oriental Culture) No. 25 (März 1958), S. 22.

[76] Vgl. Anm. 7 und Betz, aaO., S. 329.

[77] Ähnliche Tendenzen der japanischen Verwaltung im besetzten China während des 2. Weltkrieges, siehe Kroker, ZvglRW. (1960), S. 7.

[78] Certain Aspects of Chinese Customary Law in the Light of Japanese Scholarship in: Bulletin of the School of Oriental and African Studies, Bd. XVII (1955), S. 535—547, insbesondere S. 536.

[79] McAleavy, aaO., S. 540.

[80] Nachweise bei McAleavy, aaO., S. 537.

[81] Zur Bedeutung des Gewohnheitsrechts in China siehe Kroker, Monumenta Serica (1955), S. 226. Betz, aaO., S. 331 schrieb 1929: „Bei der großen Bedeutung, die das Gewohnheitsrecht hiernach noch hat, ist es um so mehr zu bedauern, daß es bisher noch so gut wie gar nicht erforscht ist. Sichere Angaben lassen sich daher nicht machen."

Sprache erschienenen, sehr viel kürzeren „Provisional Report on Investigations of Laws and Customs in the Island of Formosa“ heran, der 1902 von Dr. Santaro OKAMATSU herausgegeben wurde[82].

Das bisher genannte Material wurde ergänzt durch Rechtsfälle, die ich während eines einjährigen Aufenthaltes in Hongkong 1960/61 auffand. Wie im Anhang 2 näher ausgeführt, wenden die britischen Gerichte der Kronkolonie Hongkong unter bestimmten Voraussetzungen insbesondere im Familien- und Erbrecht chinesisches traditionelles Recht an. Diese Entscheidungen sind in den Hong Kong Law Reports enthalten. Wenn sie auch nicht von chinesischen Richtern gefällt wurden, geben sie doch chinesisches traditionelles Recht korrekt wieder, da sie sich auf die Gutachten von zu diesem Zweck bei den Gerichten zugelassenen anerkannten chinesischen Sachverständigen stützen[83].

Zusätzliche Kontrollmöglichkeiten lieferte das umfangreiche Aktenmaterial zum Grundstücksverkehr nach chinesischem traditionellem Recht in den New Territories von Hongkong, in das mir die britische Verwaltung entgegenkommenderweise umfassende Einsicht gewährte.

Außerdem befragte ich einen Dorfältesten in Hongkong und verschiedene chinesische Sachverständige in Hongkong und Taiwan über Einzelfragen chinesischen traditionellen Rechts.

Damit ist das Quellenmaterial überblicksweise genannt und beurteilt worden.

Die Literatur über China wurde verwandt, soweit sie chinesisches traditionelles Recht betrifft. Besonders nützlich war die knappe Zusammenstellung von Rechtsfällen zum chinesischen traditionellen Erbrecht von ALABASTER[84] und zwei Bücher in chinesischer Sprache des chinesischen Juristen TAI Yen-hui[85].

---

[82] Zitiert: OKAMATSU, aaO. Dieser Report liegt mir vor. Er wurde besprochen in Tōyō Bunka 東洋文化 (Oriental Culture) No. 25 (März 1958), S. 26.

[83] Chinesisches traditionelles Recht in der in Hongkong geltenden Form enthält auch die als „Strickland-Report“ 1953 von der Regierung Hongkongs veröffentlichte, leider nicht sehr einheitlich gegliederte und auch literarisch nicht gut belegte Zusammenstellung. (Hong Kong Government [Herausgeber], Chinese Law and Custom in Hong Kong, Report of a Committee appointed by the Governor in Oct. 1948 [„Strickland-Report“], Hong Kong 1953).

[84] In: China Review, Bd. V (1876/77), S. 191—195, S. 248—251, Bd. VI (1877/78), S. 55—56.

[85] Chung kuo shen fen fa shih, „Geschichte des Personenrechts Chinas“, Taipei 1959; Chung kuo fa chih shih kai yao, „Prinzipien der Geschichte des chinesischen Rechtssystems“, Taipei 1960.

Zwei Arbeiten in französischer Sprache von chinesischen Autoren[86], die das chinesische Erbrecht betreffen und in Paris von mir durchgesehen wurden, sind nur von geringer Brauchbarkeit für die vorliegende Untersuchung, da sie das aus chinesischem traditionellem Recht und westlichen modernen Einflüssen gemischte Recht vom Ende der zwanziger Jahre dieses Jahrhunderts wiedergeben[87].

2.2 Geltungsbereich der im TS. enthaltenen Normen

Das Gesetz (Ch'ing-Codex) galt in ganz China, es fällt unter gemeines Recht.

Die Hauptquelle für das Gewohnheitsrecht, das TS., wurde in Taiwan kompiliert. Eigentlich könnten demnach nur Aussagen über partikuläres taiwanesisches[88] Recht darin enthalten sein. Die Verfasser des TS. waren jedoch anderer Ansicht. Sie gliederten die einzelnen erbrechtlichen Abschnitte jeweils in einen Teil „Gesetzesrecht" und einen Teil „taiwanesisches Recht". Im Teil „Gesetzesrecht" führen sie jedoch neben dem Gesetz noch vielfältige gewohnheitsrechtliche Normen auf, von denen sie annahmen, daß sie gemeines chinesisches Recht darstellten, d. h. auch über die Grenzen Taiwans hinaus galten.

Gibt es überhaupt gemeines chinesisches Gewohnheitsrecht? Falls dies zu bejahen ist, enthält das TS. wirklich Normen, von denen nach kritischer Prüfung gesagt werden kann, daß sie solches gemeines Recht darstellen?

Vom chinesischen Gewohnheitsrecht sind eine Vielzahl partikulär geltender Normen durch verdienstvolle Arbeiten von Kroker und Kirfel erschlossen worden[89].

---

[86] Siao T'ong, De la succession et de l'adoption en droit chinois, in: Bulletin de littérature et de droit, Université l'Aurore, Shanghai No. 10 (1926), S. 78—114, No. 11 (1927), S. 40—84, No. 12 (1927), S. 67—95.
Suen Peng-hien, Les principes généraux du droit de succession en Chine (jusqu'à la fin du premier quart du XXe siècle), thèse, Nancy 1929.

[87] Z. B. bezeichnet Siao aaO., No. 12, S. 83 in krasser Abweichung vom chinesischen traditionellen Recht, wie es hier dargestellt wird (siehe S. 92), Ahnenfelder als verkäuflich. Weitere moderne Tendenzen dort S. 81 (Erbrecht von Töchtern und Verwandten der Frauenlinie), S. 80 (teilschuldnerische Erbenhaftung nach Auseinandersetzung siehe hier S. 97), siehe auch Suen aaO., S. 126, S. 25 (Individualeigentum), S. 37, 111 (Erleichterung der Nachlaßteilung nach moderner Rechtsprechung, vgl. hier S. 86).

[88] Wenn in dieser Arbeit von „taiwanesisch" und „Taiwanesen" gesprochen wird, sind damit nur die Angehörigen chinesischer Kultur in Taiwan, nicht die Ureinwohner gemeint, die es noch in geringer Zahl gibt.

[89] E. J. M. Kroker, Rechtsgewohnheiten in der Provinz Shantung, in: Monumenta Serica, Bd. XVI (1955), S. 215—302, E. J. M. Kroker, Sachenrechtliche Gewohnheiten in der Provinz Feng-t'ien (China) in: Zeitschrift für vergleichende Rechtswissenschaft (ZvglRW.) 62. Band (1960) S. 1—84. Harald Kirfel,

Kroker entnimmt sein Material einem Bericht des chinesischen Justizministeriums von 1930[90], der nach Präfekturen geordnet ist und den Blick auf partikuläres Gewohnheitsrecht richtet.

Kirfel übersetzte Teile des chinesischen Werkes der Gesellschaft für Gesetzgebung und Verwaltung, „Zusammenfassung des zivilrechtlichen Gewohnheitsrechts Chinas“[91].

Wie andere Autoren scheint O. Franke die Auffassung zu haben, daß Gewohnheitsrecht in China nur partikulär geltendes Recht sei, denn er führt aus[92]: „Eine einheitliche Darstellung dieses Gewohnheitsrechtes läßt sich nicht geben, denn es ist in jeder Provinz, ja oft in jeder Präfektur und Magistratur verschieden, und bis jetzt ist dieser Urwald von oft eigenartigen Anschauungen und Gebräuchen nur zu einem sehr kleinen Teile durchforscht worden.“

Wie die meisten Autoren sieht auch Suen Peng-hien[93] nur partikuläres Gewohnheitsrecht, dem man nach seiner Meinung „nicht zu viel Bedeutung beimessen sollte“. Auch S. v. d. Sprenkel erwähnt gemein geltendes Gewohnheitsrecht nicht[94], was möglicherweise der englische Begriff „customs“ für Gewohnheitsrecht nahelegt.

Andererseits trennt Betz[95] systematisch genau zwischen gemeinem Gewohnheitsrecht und „abweichendem Ortsbrauch“.

Wenn auch die oben genannten Autoren außer Betz besonderes Gewicht auf das partikuläre Gewohnheitsrecht legen, lehnen sie die Existenz gemeinen Gewohnheitsrechts nicht ausdrücklich ab. Kroker vollbringt es in überzeugender Weise in der zweiten seiner genannten

---

Das Gewohnheitsrecht bei Kauf und Verkauf von Immobilien in China und Mandschukuo, Dissertation Bonn 1940, Harald Kirfel, Das Gewohnheitsrecht in China, in: Sinologica, Bd. III (1951), S. 52ff.

90 Titel siehe Anm. 10
Vielleicht hatte das chinesische Justizministerium dieses partikuläre Gewohnheitsrecht zusammenstellen lassen, um es im Zuge der Rechtsvereinheitlichung später für aufgehoben zu erklären. In Deutschland ist partikuläres Gewohnheitsrecht aufgehoben durch Art. 55 EGBGB. in Verbindung mit Art. 2 und dem Umkehrschluß aus Art. 3. Bei dem bekannten Einfluß deutschen Rechts auf die moderne chinesische Gesetzgebung erscheint ein solches Vorhaben der damaligen chinesischen Regierung nicht ganz ausgeschlossen. Das kann eines der Ziele der Untersuchung sein, nach denen Kroker, ZvglRW. (1960), S. 5—8 fragt.

91 Chinesisch: 中國民事習慣大全
Chung kuo min shih hsi kuan ta ch'üan, 6 Bände, 1923.

92 Die Rechtsverhältnisse am Grundeigentum in China, S. 314, Ziffer 2.

93 Les principes généraux du droit de succession en Chine (jusqu'à la fin du premier quart du XXe siècle), thèse, Nancy, 1929, S. 18.

94 Sybille v. d. Sprenkel, Legal Institutions in Manchu China, London 1962, S. 103.

95 aaO., S. 368.

Arbeiten[96], aus dem Gewohnheitsrecht verschiedener Präfekturen gemeines Gewohnheitsrecht einer Provinz herauszuarbeiten.

An dem Material, das Kirfel mit dem Blick auf die partikulären Unterschiede aneinandergereiht hat, soll exemplifiziert werden, wie angeblich partikuläres Gewohnheitsrecht in Wirklichkeit gemeines Gewohnheitsrecht ist. Kirfel führt an, daß beim Verkauf von Grundeigentum die Einwilligung von Verwandten nötig war bzw. ihnen das Grundeigentum erst zum Kauf angeboten wurde[97]. Kirfel kennzeichnet dies als eine „Gewohnheit im Kreise Ch'ang-sha“[98]; jedoch führt er unmittelbar darauf diese Gewohnheit auch für fünf weitere Kreise „und andere Kreise der Provinz Hunan“ auf. Weiterhin findet sich dieselbe Gewohnheit in seiner Arbeit als Nummer 8, Nr. 62 A (Geltungsbereich: „... und anderen Kreisen der Provinz Shensi“) und als Nr. 62 B, 62 C, 62 D[99]. Für Shensi spricht Kirfel in diesem Zusammenhang von der volkstümlichen Redensart „Zunächst nach innen und nicht nach außen“[100], die dasselbe Angebot an Verwandte vor Grundstücksverkauf forderte.

Dadurch ist auch aus Material mit Blick auf partikuläres Recht belegt, was rechtssystematische und soziale Gründe nahelegen: die Existenz von gewohnheitsrechtlichen Normen, die über die Grenzen der Präfektur galten[101] und sich auch in verschiedenen Provinzen fanden.

Ich behaupte jedoch, daß solches übereinstimmendes Gewohnheitsrecht sich nicht nur zufällig in einzelnen Provinzen fand, sondern daß es verschiedene gewohnheitsrechtliche Normen gab, die im traditionellen China gemeinhin galten[102]. Leider verzichtet Kroker darauf, in seinen Arbeiten auf ähnliches Gewohnheitsrecht in anderen Provinzen zu verweisen[103].

---

[96] Kroker, in: ZvglRW., 62. Band (1960), S. 1—84.

[97] Siehe unten S. 64.

[98] Kirfel, Immobilien, S. 17 Nr. 1.

[99] Kirfel, Immobilien, S. 18—21.

[100] Chinesisch: 儘內不儘外

Chin nei pu chin wai, Kirfel, Immobilien, S. 20.

[101] Kroker, in: Monumenta Serica (1955), S. 220 erwähnt, daß „zahlreiche Präfekturen ähnliche Gewohnheiten aufweisen“.

[102] Kirfel, in: Sinologica (1951), S. 59f. hebt die Unterschiede zwischen Nord- und Südchina zu scharf hervor. Über die Testierfreiheit, die angeblich in Abweichung von den Grundsätzen des chinesischen tradtionellen Erbrechts in Südchina gelten soll, enthält mein Material (das südchinesisch ist) nichts (Vgl. Abschnitt 2 und insbesondere 4.4.1.3.). Allerdings stimme ich Kirfel zu, daß die Trennung zwischen Sakralerbfolge und Vermögenserbfolge in Südchina besonders deutlich ausgeprägt ist. Sie besteht aber auch in Nordchina.

[103] Vgl. Monumenta Serica (1955), S. 227.

Jedoch findet sich bei KIRFEL gelegentlich gemeines Gewohnheitsrecht ganz Chinas, zum Beispiel wenn er das Verbot erwähnt, „das in China galt", Familienland zu verkaufen[104]. Diese gewohnheitsrechtliche Norm hat als soziale Grundlage die Auffassung von der Familie und der Ahnenverehrung. Soweit diese einheitlich in ganz China galt, bildete sich auf dieser gesellschaftlichen Basis gemeines Gewohnheitsrecht.

Die soziologische Literatur hat verschiedene Grundzüge von Familie und Ahnenverehrung einheitlich für ganz China nachgewiesen, wie unten im einzelnen dargelegt wird.

Auch die Trennung von Nord- und Südchina läßt gewisse Übereinstimmungen bestehen. Solche Gemeinsamkeiten berechtigen uns überhaupt erst, von „chinesisch", von „chinesischer Kultur" und von „China" in einem Sinne zu sprechen, der über bloße geographische Kennzeichnung hinausgeht. Diese Belege führen dazu, die Existenz gemeinen Gewohnheitsrechts in China in im einzelnen noch näher zu bestimmenden Grenzen anzuerkennen.

Die einheitlichen Züge ruhen im System des Konfuzianismus, der China zu einem einheitlichen Kulturreich geprägt hat. Die unter dem Sammelbegriff des Konfuzianismus verborgenen philosophischen, moralischen und sozialen Strukturen sollen hier nicht näher behandelt werden. Es kann von der bekannten Tatsache ausgegangen werden, daß die konfuzianischen Verhaltensmuster eine gewisse Übereinstimmung und Konformität in der chinesischen Kultur herbeiführten.

Die Frage gemeinen Gewohnheitsrechts gehört zum allgemeinen Problem des „Regionalismus" in China. Das chinesische Kulturreich dehnte sich von einigen Kerngebieten her allmählich aus und stand in fortwährendem Konflikt mit ethnisch und kulturell unterschiedlichen Menschengruppen, die durch chinesische Kultur geformt wurden und zugleich ihrerseits den Wandel der chinesischen Kultur in verschiedenem Maße bestimmten. Die geschichtlichen, kulturellen, sozialen und wirtschaftlichen Unterschiede der Regionen spiegeln sich im Gewohnheitsrecht wider[105]. Den Feldforschungen, deren Material KROKER und KIRFEL bearbeiten, erschließt sich naturgemäß das Recht in starker lokaler Differenzierung. Ein Teil dieses Gewohnheitsrechts läßt sich jedoch, soweit einheitliche soziale Grundlagen, z. B. konfuzianische Wertvorstellungen, reichen, als gemeines Recht zusammenfassen.

Enthält das TS. solches gemeines Gewohnheitsrecht, wie es seine Verfasser voraussetzten?

---

[104] KIRFEL, Immobilien, S. 14/15.

[105] Dazu das chinesische Rechtssprichwort: „In 100 Meilen Entfernung herrschen andere Gewohnheiten" 百里不同風 Pai li pu t'ung feng (Taiwan Shihō, abgekürzt TS. Anhang, S. 349f).

BOULAIS gibt in seiner Kommentierung des Ch'ing-Codex neben dem Gesetzesrecht gemeines chinesisches Gewohnheitsrecht wieder, das er auf dem chinesischen Festland fand. Er führt an, daß im Sakralerbrecht das Prinzip der Linien gelte, obwohl das Gesetz dazu schweigt[106]. Unabhängig von BOULAIS trifft das TS. dieselbe Feststellung in dem Abschnitt „gemeines chinesisches Recht[107]".

In der komplizierten Frage nach dem Eigentümer des Familienvermögens kommt BOULAIS zu dem Ergebnis, daß der Familienchef der Alleineigentümer sei[108]. Da die ausdrückliche Festlegung im Gesetz fehlt, ist diese Norm wiederum als Gewohnheitsrecht anzusehen, das am Ende der Epoche chinesischen traditionellen Rechts auf dem chinesischen Festland galt. Die Aussage des TS. stimmt damit überein[109].

BOULAIS nennt als eine Norm, deren ausdrückliche Festlegung im Gesetz fehlt, daß Töchter, die die Familie durch Heirat verlassen, ihr Vermögenserbrecht verlieren[110]. Dieselbe Regel führt das TS. als gemeines Recht an[111].

Nach BOULAIS kann gewohnheitsrechtlich im Vermögensrecht jeder Sohn enterbt werden, wobei nicht nur dem Vater, sondern auch dem Familienvorstand das Recht der Enterbung zusteht[112]. Auch damit stimmen die Ausführungen des TS. überein[113].

Auch die Gerichtsurteile aus dem traditionellen China, die ALABASTER übersetzte und kommentierte, lassen im Vergleich mit übereinstimmenden Angaben unserer Quelle Schlüsse auf gemeines Gewohnheitsrecht zu[114].

Ohne daß das gesamte Material überprüft werden könnte, von dem das TS. gemeine Geltung voraussetzt, bestätigen die angeführten Beispiele, daß tatsächlich im TS. gemeines Gewohnheitsrecht enthalten ist. Allerdings ist mir nicht bekannt, nach welcher Methode die japanischen Berichterstatter die Feststellung trafen, daß eine Norm gemeines Recht sei. Wahrscheinlich haben sie sich neben den Aussagen von Taiwanesen, denen die Rechtslage auf dem chinesischen Festland bekannt war, auf verschiedene japanische Arbeiten über traditionelles Recht in China bezogen. Das Material des TS. hat durch diese Bearbeitung, Zusammenfassung und Bewertung von seiten der Kompilatoren

---

[106] aaO., S. 187, Zif. 388, vgl. hier S. 39.

[107] TS., S. 510.

[108] aaO., S. 198, 199, vgl. hier S. 65.

[109] TS., S. 549—560.

[110] aaO., S. 201, Ziff. 421.

[111] TS., S. 569.

[112] aaO., S. 202, 203.

[113] TS., S. 572, vgl. hier S. 82.

[114] ALABASTER, aaO., S. 192, 194, TS., S. 594, vgl. hier S. 98 (Testament über Familienvermögen muß sich an gesetzliche Erbfolge halten) und S. 56, TS., S. 590, vgl. hier S. 68 (Haftung der Erben für Erblasserschulden).

an Übersichtlichkeit und Aussagekraft gegenüber den bloßen Materialsammlungen gewonnen, auf die sich KROKER und KIRFEL stützen. KROKER sagt selbst von seinem Material, daß es ein „amorphes Gebilde“[115] sei, in dem „die disparatesten Phänomene ohne ersichtlichen Grund stillos aufeinanderfolgen“[116]. Das in der vorliegenden Arbeit benutzte Material des TS. weist bereits die Ordnung und Bewertung auf, die KROKER bei seinem Material vermißt, und gestattet Aussagen über gemeines Gewohnheitsrecht.

Soweit es sich um grundlegende Normen handelt, die aus der in China verbreiteten Lehre des Konfuzianismus erwachsen, kann der Geltungsbereich solchen gemeinen Gewohnheitsrechts ganz China umfassen, wobei die genaue Abgrenzung weiterer Forschung vorbehalten bleiben muß.

Ein anderer Teil des Gewohnheitsrechts hat nur in mehreren Provinzen als gemeines Recht gegolten. Normen, die vom TS. als „taiwanesisches Recht“ bezeichnet werden, haben auch teilweise in Fukien und Kuangtung gegolten. Die chinesischen Einwohner Taiwans sind überwiegend in den letzten Jahrhunderten aus den Provinzen Fukien und Kuangtung des chinesischen Festlandes eingewandert und haben ihr Gewohnheitsrecht von dort mitgebracht. Das taiwanesische Recht steht nicht isoliert im Gesamtrahmen des chinesischen Rechts. Es hat starke Ähnlichkeit mit dem Recht der Provinz Kuangtung[117]. Es ist daher methodisch zulässig, zur Ergänzung des TS. auch Material aus Hongkong zu verwenden. Da wegen der geographischen Lage das chinesische traditionelle Recht Hongkongs zum Recht der Provinz Kuangtung gehört, hat es dieselbe Wurzel wie Teile des im Taiwan Shihō enthaltenen Gewohnheitsrechts. Es ist berechtigt, von einem südostchinesischen Rechtskreis zu sprechen[118], der die Provinzen Fukien und Kuangtung umfaßt und zu dem auch Taiwan zu zählen ist. Dies ist ein engerer Geltungsbereich gemeinen Rechts in China.

Nach den angeführten Belegen ist im TS. gemeines chinesisches Gewohnheitsrecht korrekt wiedergegeben.

Das partikuläre taiwanesische Gewohnheitsrecht des TS. steht in Verbindung mit dem Gewohnheitsrecht aus anderen Provinzen und ergänzt sich mit Material aus Hongkong.

---

[115] In: Monumenta Serica (1955), S. 221.

[116] In: ZvglRW. (1960), S. 9.

[117] Vgl. MCALEAVY, aaO., S. 537.

[118] M. FREEDMAN, Lineage Organization in Southeastern China, London 1958. Das Recht Taiwans und Hongkongs wurde von den rechtlichen Neuregelungen nach 1903 in China nicht unmittelbar erreicht, da damals beide Gebiete von China abgetrennte Kolonien waren. Das erhöht die Aussagekraft dort aufgefundenen Materials, da es auch dann noch Aussagen über unvermischtes chinesisches traditionelles Recht geben kann, wenn es aus der Zeit nach 1903 stammt.

Neben dem räumlichen Geltungsbereich der hier behandelten Normen ist der persönliche Geltungsbereich zu kennzeichnen.

In der vorliegenden Untersuchung wird nicht das Recht ethnischer[119] und religiöser[120] Minoritäten im chinesischen Kulturgebiet behandelt[121]. Sonderrecht der regierenden Oberschicht Chinas, der „Gentry"[122], das andere Gesellschaftsschichten rechtlich diskriminierte, war zu Ende des 19. Jahrhunderts bereits weitgehend verschwunden. So bezweifle ich, daß das Verbot für gewöhnliche Bürger, Ahnentempel zu errichten[123], zur Zeit der Mandschu-Dynastie noch eingehalten wurde. Aus dem von mir untersuchten Material sind nur wenige Sonderregeln für Angehörige „privilegierter" Volksschichten zu entnehmen[124].

Die unterschiedlichen „Clanregeln" einzelner Sippenverbände[125] wurden hier nicht untersucht.

2.3 Methode

Das chinesische Recht einer bestimmten Epoche wird hier mit juristischer Methode untersucht.

Die philologische Methode sinologischer Übersetzung und Textkritik blieb auf die Vorarbeiten beschränkt, um die juristische Zusammenfassung und die Schlußfolgerungen klar hervortreten zu lassen. Der Text des Taiwan Shihō ist im systematischen Teil nicht interpunktiert, was jedoch aus vielen sinologischen Quellen bekannt ist und hier keine nennenswerten Schwierigkeiten bot. In den Ergänzungsbänden des Taiwan Shihō mit der Dokumentensammlung sind die chinesischen und japanischen Texte interpunktiert.

Die Unterschiede in der juristischen Terminologie zwischen japanisch und chinesisch erwiesen sich nicht als besonders hinderlich. Die japani-

---

[119] Beispielsweise der Ureinwohner Taiwans. Ein wichtiges Sonderrecht einer privilegierten Rasse galt in der Mandschu-Dynastie in China für die Mandschus und fand auch Eingang in den Ch'ing-Codex, vgl. CH'Ü T'ung-tsu, aaO., S. 201 ff.

[120] Moslems in China.

[121] Vielfältige nützliche Beispiele bei KROKER, ZvglRW. (1960), S. 10; Gerhard KEGEL, Internationales Privatrecht, München und Berlin 1960, gibt auf S. 15 einige Beispiele zu dieser Frage aus nicht-chinesischen Ländern.

[122] CH'Ü T'ung-tsu aaO., S. 168. „Gentry" ist die chinesische Oberschicht, aus der sich die Beamtenschaft rekrutierte. Vgl. CHANG Chung-li, The Chinese Gentry, Seattle 1955.

[123] CH'Ü T'ung-tsu, aaO., S. 169.

[124] Neben der „Gentry" besteht ein Sonderrecht, das erbrechtlich bedeutungsvoll ist, für Mönche, Nonnen von religiösen Orden, die an Schüler vererben können, mit denen sie nicht verwandt sind.

[125] LIU Hui-chen Wang, The Traditional Chinese Clan Rules, New York 1959. Siehe S. v. D. SPRENKEL, aaO., S. 82 ff.

sche Quelle, das Taiwan Shihō, benutzt im allgemeinen die üblichen chinesischen juristischen Ausdrücke, wie dem Untersuchungsgegenstand des chinesischen Rechts angemessen. Japanische Spezialtermini sind deutlich gekennzeichnet. Die Übereinstimmung in der Terminologie läßt sich an den kurzen Zusammenfassungen in japanischer Sprache überprüfen, die den chinesischen Dokumenten in den Ergänzungsbänden vorangestellt sind.

In den Texten werden meist, soweit nicht ausnahmsweise moderne japanische oder chinesische Worte verwandt werden, die Bezeichnungen der chinesischen traditionellen Juristensprache benutzt[126], die eine präzise Fachsprache ist. Für die zentralen Begriffe bildete die Übertragung chinesischer traditioneller Gesetzestexte durch G. Boulais[127] ins Französische eine wertvolle Übersetzungshilfe.

Die Arbeit ist grundsätzlich keine rechtsvergleichende Darstellung mit der Absicht, bei verschiedenen Völkern aufgrund einer Ähnlichkeit der Lebensverhältnisse „allgemeine Gesetze für die Entwicklung des Rechts zu finden“[128]. Vielmehr wird hier nur versucht, ein fremdes Recht darzustellen, das heißt, das System des chinesischen traditionellen Erbrechts aus dem Geist des chinesischen Rechts und als Funktion der chinesischen Gesellschaft zu behandeln[129].

Richtig ist, daß die Wahl der hier benutzten Fachausdrücke aus dem deutschen und aus europäischen Rechten selbst das Ergebnis einer Rechtsvergleichung ist. Der Leser sollte jedoch die verwandten Bezeichnungen nicht in der speziellen Färbung des deutschen oder eines anderen Rechts verstehen. Ich habe versucht, die Eigenart der chinesischen Rechtsinstitute in der Wortwahl zum Ausdruck zu bringen.

Beispiele: Im Sakralerbrecht spreche ich von „Sakralerbe“ bzw. entsprechend der chinesischen Bezeichnung von „Ahnensohn“ und nicht von „Erbe“. Ebenfalls spreche ich dort von „Legaladoptivsohn“ und nicht nur vom „Adoptivsohn“, damit die speziellen Inhalte der chinesischen Rechtsbegriffe angedeutet werden.

Eine Ausnahme habe ich beim Testament gemacht. Obwohl das chinesische „Testament“ grundsätzlich verschieden ist von dem Testament westlicher Kulturen, konnte ich mich nicht entschließen, dafür eine andere Bezeichnung zu wählen. Die Einzelheiten sind in den entsprechenden Abschnitten dargelegt[130].

---

[126] Meine Quellen benutzen zum Teil andere Termini als das moderne chinesische Bürgerliche Gesetzbuch von 1929/31.

[127] Manuel du code chinois, Shanghai 1924.

[128] Bernhöft, Über Zweck und Mittel der vergleichenden Rechtswissenschaft in: ZvglRW., Bd. I, S. 4.

[129] Über den Unterschied zur Rechtsvergleichung siehe Schnitzer, aaO., Bd. I, S. 36.

[130] Abschnitte 4.4.1.4, 4.4.2, S. 98ff.

Wenn Beispiele aus dem modernen deutschen, dem römischen und anderen Rechten zitiert werden, soll keine wissenschaftlich geprüfte Analogie zu chinesischem traditionellem Recht behauptet werden. Es sind Beispiele, die aus Rechten entnommen werden, die dem Leser vertraut sind und die so das Verständnis erleichtern können.

Damit ist auch klargestellt, daß ich nicht den verdienstvollen Versuch von H. E. PARKER vom Anfang dieses Jahrhunderts fortsetzen möchte, der in weitgespannten Arbeiten die Analogie zwischen traditionellem chinesischem und römischem Recht aufweisen wollte[131]. Dieser Versuch ist als gescheitert zu betrachten. Zu der zutreffenden, ausführlichen Kritik von H. MCALEAVY[132] ist ergänzend hinzuzufügen, daß gegenüber der Methode einer zu weit getriebenen Analogie schwerwiegende sozialpsychologische Bedenken bestehen. Dabei herrscht die Tendenz, zum Zwecke der Analogie aus verschiedenen Rechtsperioden das jeweils passende Material zu entnehmen[133].

Ausnahmsweise werden an einer Stelle der Arbeit, beim „Familieneigentum“[134], Rechtsvergleichung und Rechtsgeschichte herangezogen, um eine These zu stützen. Die vom Taiwan Shihō vertretene Ansicht wird von qualifizierter Seite bestritten[135]. Da auf beiden Seiten keine ausreichenden Belege aus dem chinesischen Recht geboten werden, habe ich eine Lösung aufgrund einer gesellschaftlich begründeten, rechtsgeschichtlichen Entwicklung im römischen und anderen Rechten gesucht.

---

[131] Comparative Chinese Family Law in: China Review, Bd. VIII (1879/80), S. 69. In ähnlicher Weise bezeichnet BETZ aaO., S. 367 den chinesischen Clan mit „gens“.

[132] aaO., S. 538ff. zu E. H. PARKER: „... his methods of research were by modern standards hopelessly unscientific“.

[133] „Ethnozentrismus“: Der Autor benutzt vorurteilsvoll die Denkkategorien der eigenen Kultur. Vgl. Giorgio DEL VECCHIO, Voraussetzungen und Bewertungskriterien in der Rechtsvergleichung, ZvglRW., Bd. 64 (1962), S. 1—14, insbesondere S. 4.

[134] S. 63f.

[135] MCALEAVY, aaO., S. 544.

3. Die soziale Grundlage des chinesischen Erbrechts: Familie und Clan

3.1 Struktur der chinesischen Familie

Das Erbrecht setzt die soziale Wirklichkeit der Familie voraus. Besonders bei fremden Kulturen ist das Erbrecht ohne Kenntnisse von der Struktur der Familie nicht zu verstehen. Die kulturbedingte Prägung der chinesischen Familie, die sie zu einem Grundpfeiler der chinesischen traditionellen Gesellschaft machte, ist eingehend in der westlichen Literatur dargestellt. E. BALAZS[136] gibt eine prägnante Charakterisierung des chinesischen traditionellen Familiensystems: „Herrschaft des Mannes und unbedingte Macht des Familienchefs; absoluter Respekt gegenüber den Eltern und älteren Personen; Entrechtung und Bevormundung der Frauen; Unterwerfung der Kinder unter ihre Eltern, der Schwiegertochter unter die Schwiegermutter, der Jüngeren unter die Älteren; schließlich Ehen, die durch die Eltern der beiden Parteien im Familieninteresse abgeschlossen werden ...".

Die Struktur der chinesischen Familie ist folgendermaßen zusammenfassend zu charakterisieren:
Die chinesische Familie ist patrilinear, d. h. nur die Verwandten in der väterlichen Linie und deren Ehegatten gehören zur Familie und darüber hinaus zum Clan[137].

Die Abstammung vom gemeinsamen Stammvater in der väterlichen Linie ist das Ordnungsprinzip des chinesischen Verwandtschaftssystems. Es vereint die verschiedenen Einheiten gemeinsamer Wirtschaftsführung, das heißt die Familien, in der größeren verwandtschaftlichen Organisationsform des Clans. Die gemeinsame Abstammung, die religiös in der Ahnenverehrung überhöht wird, faßt eine bestimmte Menschengruppe im Clan zusammen[138]. Das Sakralerbrecht fußt auf dem Clan als Organisationsform der Nachkommen eines gemeinsamen

---

[136] Le droit chinois in: Aspects de la Chine, Bd. I, Paris 1959, S. 202.

[137] Frauen verlassen bei Heirat Familie und Clan, ihre Abkömmlinge gehören der Familie des jeweiligen Gatten, d. h. einer fremden Familie an. Vgl. philologische Nachweise bei CH'Ü T'ung-tsu aaO., S. 15: „Outside relatives" 外親 wai ch'in ist der Ausdruck, der für Verwandte der mütterlichen Linie gebraucht wird. Vgl. den römischen Satz: mulier est finis familiae.

[138] FREEDMAN, aaO., S. 81; O. LANG, Chinese Family and Society, New Haven 1946, S. 19.

Stammvaters. Der Clan ist für das traditionelle China wie folgt zu definieren:

Der Clan ist der Verband von Blutsverwandten, die in der männlichen Linie vom gleichen Vorfahren abstammen und den gleichen Familiennamen tragen[139].

Die personenrechtlichen Beziehungen innerhalb des Clans und der Familie bestimmen sich nach den „Fünf Trauergraden"[140]. In der unbegrenzten, patrilinearen Kette der vom gemeinsamen Stammvater abstammenden Verwandten zieht das System der Trauergrade um jede Person die Kreise näherer und weiterer Verwandtschaft.

Die Trauergrade enthalten die Regeln, wie lange und in welcher Form eine Person für verstorbene Verwandte zu trauern hat. Diese Normen spezifizieren die Verwandtschaftsbeziehungen[141] und bestimmen damit auch die Erbfolge. Für einen Todesfall im Clan und der Familie stellte der Ch'ing-Codex mit Gesetzeskraft strenge, genau abgestufte Verhaltensregeln für die verschiedenen Gruppen von Verwandten auf. Aus den Unterschieden für die verschiedenen Verwandten, zu denen, was die Trauer betrifft, auch einige besonders nahe Verwandte weiblicher Linie gezählt werden[142], liest man die Verwandschaftsbeziehungen im traditionellen China ab. Insgesamt umfassen die „Fünf Trauergrade" vier Generationen in der aufsteigenden und vier Generationen in der absteigenden Linie, das heißt, insgesamt neun Generationen. Sie umschließen also Ururgroßvater und Ururenkel einer bestimmten Person. Zu den Verwandten, für die zu trauern ist, gehören bis zum Urgroßvater neben den jeweiligen Aszendenten deren Brüder und patrilineare Deszendenten bis zur dritten Generation vom jeweiligen Aszendenten absteigend. Das heißt, eine bestimmte Person trauert auch für ihres Urgroßvaters Brüder und deren patrilineare Deszendenten bis zur dritten absteigenden Generation[143].

---

[139] Nach Prof. TAI Yen-hui's chinesischer Definition in: Geschichte des Personenrechts Chinas, Taipei 1959, S. 3. Der Clan wird auch „Sippe" genannt bzw. von M. FREEDMAN, aaO., S. 1 „lineage".
Bemerkenswert für die Verbindung zwischen Clan und Ahnenverehrung ist, daß das chinesische Wort für „Clan" 宗 tsung zugleich „Ahne" heißt. MATHEWS', Chinese-English Dictionary, Cambr. Mass. 1952, No. 6896.

[140] Chinesisch: 喪服 sang fu bzw. 五服 wu fu, siehe BOULAIS, aaO., S. 17. Englische Bezeichnung: „mourning grades", M. FREEDMAN, Lineage Organization in Southeastern China (von nun an zitiert aaO.), London 1958, S. 41.

[141] M. FREEDMAN, aaO., S. 42f. Die Trauergrade sind strafrechtlich erheblich (Strafschärfung und -milderung), CH'Ü T'ung-tsu, aaO., S. 15, 53f.

[142] CH'Ü T'ung-tsu, aaO., S. 15.

[143] M. FREEDMAN, aaO., S. 41.

Im Rahmen dieser präzis gegliederten Verwandtschaft der Trauergrade wurden die verschiedenen Verwandten mit peinlich genauen Bezeichnungen unterschieden[144].

Die Angehörigen des 1. Trauergrades sind mit dem Verstorbenen besonders eng verwandt. Eine solche enge Verwandtschaft besteht zwischen Söhnen und Vater. Die Söhne trauern für den Vater drei Jahre lang[145]. Für sie war als Kleidung vorgeschrieben ein „ungesäumtes Gewand von rauhem Hanf"[146], „Kopfbedeckung aus Hanf, Grassandalen" und „Trauerstab". Weiterhin bestehen wichtige Beschränkungen in der Lebensführung[147]. Die Einzelheiten der Trauerregeln, die für soziologische Forschungen, insbesondere zu Statusfragen innerhalb der Großfamilie, brauchbares Material enthalten, sollen hier nicht näher behandelt werden, da sie zum Familienrecht im engeren Sinne gehören und eingehend in der zitierten Literatur in europäischen Sprachen dargelegt sind.

Die Trauerregeln haben Auswirkungen auf die Ahnenverehrung und bieten zugleich eine Unterscheidung zwischen Clan und Familie. Der obengenannten Pflicht, für Aszendenten der vier aufsteigenden Generationen Trauer anzulegen, entsprach in der Ahnenverehrung die Regel, daß die Familie die Ahnen der vier aufsteigenden Generationen verehrte[148]. Diese vier Generationen wurden im privaten Heim verehrt, während für Aszendenten höherer Generationen der Clan in gemeinsamen Ahnenhallen die Ahnenverehrung vollzog. Clan und Familie haben unterschiedliche Kultrollen[149].

Die Ahnenverehrung im Clan war wichtiger als in der Familie und als in den Teilclans, wie aus zwei chinesischen Rechtssprichworten hervorgeht: „Der Teilclan kann ohne Ahnenverehrung sein, der Gesamtclan muß sie haben[150]."

---

[144] In der englischsprachigen Literatur ist dafür der Ausdruck „kinship terms" üblich. H. Y. Feng in seinem grundlegenden „Chinese Kinship System", Cambrigde 1948, zählt 104 Namen für Verwandte jeweils unterschiedlicher Stellung auf.

[145] Chinesisch: 斬衰 chan ts'ui, Mathews' No. 142, tatsächlich meist verkürzt auf 27 Monate. Näheres mit vollständiger Aufzählung der Angehörigen des 1. Trauergrades nach dem Text des Ch'ing-Codex siehe Boulais, aaO., S. 17.

[146] Freedman, aaO., S. 44; Boulais, aaO., S. 17.

[147] de Groot, The Religious System of China, Bd. II, S. 474ff.
Ernährung ursprünglich beschränkt, sexuelle Enthaltsamkeit auch bei verheirateten Personen, Rücktritt vom Amt bei Beamten.

[148] Ch'ü T'ung-tsu, aaO., S. 33.

[149] Ebenso für das antike Griechenland, Bruck, Totenteil und Seelgerät im griechischen Recht, S. 231.

[150] Chinesisch: 小宗可絶大宗不可絶
hsiao tsung k'o chüeh, ta tsung pu k'o chüeh.

„Wenn die Familie des ältesten Bruders keinen Nachfolger hat, können die Familien der jüngeren Brüder auch keinen haben[151]."

Die sakralrechtliche Aufteilung von Clan und Familie ist durch verschiedene Zwischenformen zu ergänzen, die eine gute Anschauung von der tatsächlichen Familienorganisation für das traditionelle China geben und in der soziologischen Literatur[152] wie folgt gegliedert werden:

1. Der Clan

Der Clan[153] ist der umfassendste chinesische Familientyp. Aus organisatorischen Gründen zerfächert er sich in die kleineren Einheiten von „Teilclan"[154] und „Familienzweig"[155], auf deren nähere Abgrenzung hier verzichtet werden kann.

2. Die erweiterte Familie

Die erweiterte Familie (joint family) besteht aus Eltern, unverheirateten Kindern, verheirateten Söhnen (mehr als einem), Gattinnen und Kindern der Söhne und manchmal einer vierten und fünften Generation[156].

3. Die Stammfamilie

Die Stammfamilie (stem family) umfaßt Eltern, unverheiratete Kinder und einen verheirateten Sohn mit Frau und Kindern[157].

4. Die Kernfamilie

Die Kernfamilie (nuclear family, auch Gattenfamilie genannt) besteht aus Gatte, einer oder mehreren Gattinnen und den Kindern.

In allen vier Typen konnte die Kooperation in gemeinsamer Ahnenverehrung, gemeinsamem Eigentum und gemeinsamer Haushalts-

---

[151] Chinesisch: 長房無子 次房不得有子
chang fang wu tzu, tz'u fang pu te yu tzu.

[152] Im Anschluß an Olga Lang, Chinese Family and Society, New Haven 1946, S. 14.

[153] Chinesisch: 宗 tsung oder 宗族 tsung tsu.

[154] Chinesisch: 房 fang, englisch: sublineage, Freedman, aaO., S. 36.

[155] Chinesisch: 枝 chih (wörtlich „Zweig"), englisch: branch.

[156] Olga Lang, aaO., S. 14.

[157] Olga Lang, aaO., S. 14, M. J. Levy, The Family Revolution in Modern China, Cambr. Mass. 1949, S. 55.

führung einen Grad erreichen, der als „Hausgemeinschaft" aus vielen Gesellschaften „in der ganzen Welt"[158] bekannt ist.

Um zu verstehen, wie sich im sakralrechtlich definierten Clan die Familien zueinander ordnen, kann man „horizontale" und „vertikale" Beziehungen unterscheiden. Horizontal gesehen stehen die Einzelfamilien nebeneinander und „versäulen" sich vertikal zu Teilclans und schließlich zum Clan.

3.2 Größe der chinesischen Familie

Sowohl Nichtchinesen wie Chinesen nehmen oft an, daß in der chinesischen traditionellen Gesellschaft der Typ der erweiterten Familie, der naturgemäß mehr Personen umfaßt, allgemein verbreitet gewesen sei. Dieses falsche Bild ist nach der neueren soziologischen Literatur nicht mehr aufrechtzuerhalten.

Aus historischen Quellen, den offiziellen Volkszählungen zur Steuererhebung, können wir Angaben über die durchschnittliche Familiengröße während verschiedener chinesischer Dynastien entnehmen[159]:

Han	(206 v. Chr. — 200 n. Chr.)	5—6 Personen,
T'ang	(618—907 n. Chr.)	5—6 Personen,
Ming	(1368—1644 n. Chr.)	weniger als 6 Personen.

Diese Zählungen zur Besteuerung schlossen nicht Minderjährige ein. Zählt man sie hinzu, ergibt sich etwa eine durchschnittliche Größe von 6—8 Personen.

Diese Zahlen zur Familiengröße deuten an, daß seit über zwei Jahrtausenden andere Typen als Clan und erweiterte Familie in der chinesischen Gesellschaft herrschten. Ohne daß in eine kritische Diskussion des Gesamtproblems der chinesischen Familiengröße im Wechsel der Epochen eingetreten zu werden braucht, genügen diese Zahlen, um am gängigen Vorurteil der chinesischen „Großfamilie"[160] zweifeln zu lassen.

---

[158] Georg Cohn, Gemeinderschaft und Hausgenossenschaft in ZvglRW., Bd. 13, S. 1ff., insbesondere S. 52ff., 57, C. W. Westrup, Introduction to Early Roman Law, Bd. II, Part 1, Section 2, Joint Family and Family Property, Copenhagen, London 1934, S. 13 mit ausdrücklichem Hinweis auf China, Olga Lang, aaO., S. 13f.

[159] Olga Lang, aaO., S. 16.

[160] Für verschiedene Gebiete im China unseres Jahrhunderts fanden Sozialforscher Familiengrößen von durchschnittlich 4—6 Personen. Die Volkszählung in Hongkong von 1960/61 ergab eine durchschnittliche Familiengröße von 4,5 Personen. Vgl. auch K. Mäding, Wirtschaftswachstum und Kulturwandel in Hongkong, Ein Beitrag zur Wirtschafts- und Sozialpsychologie der Hongkong-Chinesen, 1964, Abschnitt 3.1.

Eine genaue Betrachtung sollte die Bedeutung der erweiterten oder „Großfamilie“ im traditionellen China der Mandschu-Dynastie folgendermaßen begrenzen:

1. Sie war weit verbreitet in den wohlhabenden Schichten der Bevölkerung. Die erweiterte Familie war Ausdruck eines sozialen Status[161].
2. Sie war ein staatlich gefördertes[162] Ideal und wurde als solches von der gesamten Bevölkerung anerkannt.

Als das Ergebnis verschiedener soziologischer Untersuchungen kann man zusammenfassen, daß in der chinesischen traditionellen Gesellschaft nicht nur ein Modell der Familienorganisation verbreitet war, sondern mehrere. Neben der erweiterten Familie war insbesondere die Kleinfamilie in der Form der Gatten- und Stammfamilie häufig.

Die Struktur und die soziale Wirklichkeit der chinesischen Familie sind notwendige Voraussetzungen, um die Interessen im chinesischen traditionellen Erbrecht zu verstehen. Die juristische Bewertung kann ihrerseits weiterer soziologischer Forschung Anregung und Arbeitsinstrumente vermitteln.

---

[161] Als regionale Abweichung ist festgestellt worden, daß im Südosten Chinas erweiterte Familien mehr verbreitet als in anderen Gebieten Chinas sind. OLGA LANG, aaO., S. 139, Wolfram EBERHARD, Social Mobility and Migration of South Chinese Families, Golden Jubilee Congress Paper, Hong Kong University. September 1961, S. 4.

[162] „Sacred Edict“ der K'anghsi- und Yungscheng-Kaiser bearbeitet nach der Fassung von 1724 durch WANG Yu-p'u, übersetzt ins Englische von F. W. BALLER, Shanghai 1924.

4. Das chinesische traditionelle Erbrecht

4.1 Überblick

Das chinesische traditionelle Erbrecht gliedert sich nach den Funktionen der Familie in der chinesischen traditionellen Gesellschaft in verschiedene Normengruppen. Die Familie führt religiöse Verehrung aus, organisiert die wirtschaftliche Zusammenarbeit, übt soziale Kontrolle und übernimmt dezentralisierte Staatsaufgaben. Aus den genannten Funktionen ergeben sich vier Hauptgebiete des chinesischen traditionellen Erbrechts.

1. Sakralerbrecht[163]

Die Quelle (TS.)[164] nennt diesen Teil an erster Stelle. Das Sakralrecht ist die Grundlage der chinesischen Familienorganisation und durchdringt und prägt sie[165]. Das Sakralerbrecht behandelt die Nachfolge in die Ahnenverehrung. Hier herrscht Primogenitur. Nur eine Person erbt: der älteste Sohn der Hauptfrau oder dessen Nachkommen[166]. In dem von uns behandelten Erbrecht einer späten Periode (Ende der Mandschu-Dynastie) gewährt der Status als Sakralerbe, d. h. als „Priester der Familie" nicht (vielleicht nicht mehr) die umfassende Vertretungsmacht für Familie oder Clan.

2. Vermögenserbrecht

Das Familienvermögen bildet den wirtschaftlich entscheidenden Bereich des chinesischen traditionellen Erbrechts. Hier herrscht grundsätzlich Gleichheit, nicht Privileg: alle Söhne erben. Diese gesetzliche Erbfolge ist der treffende Ausdruck der Interessenlage in der chinesischen traditionellen Familie, die dadurch gekennzeichnet ist, daß die Söhne gemeinsam mit dem Vater das Vermögen der Familie erhalten und schaffen. Eine abweichende Verfügung über Familienvermögen durch Testament ist nicht zugelassen. Nur für Privatvermögen, das als Ausnahme vom Familienvermögen in geringem Umfang geduldet ist, herrscht eine allerdings beschränkte Testierfreiheit.

---

[163] Entsprechend den römischen „sacra". Zu Totenopfern vgl. E. F. BRUCK, Kirchenväter und soziales Erbrecht, Berlin 1956, S. 32; E. F. BRUCK, Totenteil und Seelgerät im griechischen Recht, München 1926, S. 276.

[164] Taiwan Shihō

[165] Es bestimmt z. B. die Verwandtschaftsnähe S. 23f.

[166] Einzelheiten siehe Abschnitt 4.3.3, S. 37ff.

3. Nachfolge in die Familienvertretung

Der Inhaber dieses Status ist berufen, die Familie gegenüber Dritten zu vertreten (auch gegenüber dem Staat in bezug auf Steuern, Registrierung) und Streitigkeiten innerhalb der Familie zu schlichten[167]. Den Träger dieser doppelgesichtigen Rolle kann man nach außen als Familienvorstand[168], im Innenverhältnis als Familiensenior bezeichnen[169]. Hier herrscht Seniorität: die Funktionen werden meist von der nach Generation und Alter würdigsten Person ausgeübt. Oft wird allerdings auch in Abweichung von der Seniorität unter mehreren Angehörigen einer Generation der nach Fähigkeiten und Finanzkraft geeignetste ausgesucht.

Der stillschweigende oder ausdrückliche Auftrag der Familienangehörigen ist die eigentliche Legitimierung des Familienvertreters oder -seniors. Das zeigt sich darin, daß das Prinzip der Seniorität hier nur ein Anhaltspunkt für die Bestellung ist, von dem abgewichen werden kann. Es handelt sich nicht um eine erbrechtliche Nachfolge, und sie ist folglich hier nicht zu bearbeiten.

Auf genaue Terminologie ist hierbei zu achten. Die meisten Untersuchungen vermengen die verschiedenen Funktionen und sprechen unzulässigerweise im Vermögenserbrecht vom Familienvorstand als Vermögensinhaber. Eine Person ist aber nicht aus ihrer Vertreterfunktion heraus Vermögensinhaber. Der Familienvorstand muß zusätzlich andere vermögensrechtliche Rollen in seiner Person vereinen, ehe er als Inhaber des Familienvermögens, d. h. als Erblasser anzusprechen ist[170].

4. Nachfolge in Ämter

Bestimmte Titel waren im chinesischen traditionellen Staat vererblich. Die Erbfolge in staatliche Titel verlangt eingehende Ausführungen über den Staatsaufbau des chinesischen Kaiserreiches und wird als öffentliches Recht hier ebenfalls nicht bearbeitet.

4.2 Beschränkung der Untersuchung auf Sakral- und Vermögenserbrecht

Entsprechend der obigen Aufgliederung werden im wesentlichen zwei Normengruppen des chinesischen Erbrechts behandelt:

---

[167] Seite 53.

[168] Chinesisch: 家長 chia chang.

[169] „Familienältester" nach Betz, aaO., S. 368, 370. O. Franke (Die Rechtsverhältnisse am Grundeigentum in China, S. 48) nennt ihn „Familien-Oberhaupt", trennt aber nicht klar von der Sakralerbfolge ab.

[170] Näheres S. 56.

1. Sakralerbrecht
2. Vermögenserbrecht

Sakralerbrecht ist aus verschiedenen Kulturen, insbesondere dem älteren römischen Recht, bekannt[171]. Das testamentum calatis comitiis und die Adoption in der älteren Form der adrogatio weisen auf wahrscheinlich früher erheblich umfassendere, religiöse Normensysteme. Der römische Erblasser fürchtete ähnlich wie ein Chinese den Untergang des Familienkultes[172], zumindest in der älteren Zeit.

Bei den Hindus war das Vermögenserbrecht[173] nur ein Anhang an Normen über religiöse Pflichten.

Im Anschluß an traditionelle Normen war sogar noch im japanischen Bürgerlichen Gesetzbuch von 1898, trotz des erheblichen Einflusses des deutschen BGB., im 5. Buch (Erbrecht) als erster Abschnitt die „Hauserbfolge" (Erbfolge in den Ahnenkult) vor der Vermögenserbfolge geregelt[174]. Erst später wurde der Abschnitt „Hauserbfolge" aus dem japanischen BGB. gestrichen[175].

Auch das europäische moderne Recht beschränkt das Erbrecht zwar fast, aber doch nicht ganz ausschließlich auf vermögensrechtliche Fragen. Die weite Definition von KIPP-COING[176]: „Das Erbrecht regelt die Nachfolge in die Rechte und Pflichten eines Verstorbenen" beweist das[177].

Der Vergleich mit anderen Kulturen macht die Existenz von Sakralerbrecht in China verständlich. Das Sakralerbrecht unterschied sich im traditionellen China am Ende des 19. Jahrhunderts in verschiedener Hinsicht erheblich vom Vermögensrecht. Während in früheren historischen Perioden in China die Sakralerbfolge mit Erbfolge ganz allgemein gleichgesetzt werden konnte und die Vermögenserbfolge damals nur ein Anhängsel bildete[178], trennten sich später beide Systeme. Grund dafür war wahrscheinlich, daß die Bedeutung religiöser Normen im Wirtschaftsleben zurückgedrängt wurde.

---

[171] JÖRS-KUNKEL, Römisches Privatrecht, 3. Auflage, Berlin 1949, § 13, Anm. 2.

[172] JÖRS-KUNKEL, aaO., § 194, 3.

[173] Henry Sumner MAINE, Ancient Law, London, 6. Auflage 1876, S. 192, Ajit Gopal ROY, Commentary on Hindu Law (Past and Present), Patna 1960, S. XXVI und S. 1, 2.

[174] K. VOGT, Japanisches Bürgerliches Gesetzbuch, Yokohama 1921, § 964ff.; K. BÜNGER, Chin. BGB., S. 78.

[175] K. VOGT, Japanisches Bürgerliches Gesetzbuch, 3. Auflage, Tokio 1956, siehe dort aber noch § 897 „rituelle Geräte".

[176] Erbrecht, 11. Bearbeitung, Tübingen 1960, S. 1, vgl. dort auch S. 383.

[177] Nur vermögensrechtliche Definitionen bei PALANDT-KEIDEL, Bürgerliches Gesetzbuch, Einleitung vor § 1922, Anm. 1; Heinr. LANGE, Lehrbuch des Erbrechts, München und Berlin 1962, S. 7.

[178] Vgl. zu dieser hier nicht näher besprochenen Theorie SIAO, aaO., No. 10, S. 80.

Die Grundsätze der Sakralerbfolge[179] galten am Ende des 19. Jahrhunderts im Vermögenserbrecht nur abgewandelt oder überhaupt nicht. Eine Gleichsetzung der Prinzipien von Sakral- und Vermögenserbfolge[180] wird den unterschiedlichen Interessen beider Erbfolgesysteme nicht gerecht.

Die Sakralerbfolge bildete weiterhin eine der moralischen und gesellschaftlichen Grundlagen der chinesischen Kultur[181]. Es bestand ein starkes Interesse der Öffentlichkeit an strikter Einhaltung der religiös begründeten Erbfolgeordnung. Tatsächlich hatte die Sakralerbfolge erhebliche Bedeutung für die Verwaltung Chinas. Sie gestattete Namensänderungen[182], erzwang das Verbleiben von Familienmitgliedern am Familienstammsitz, damit die Ahnenverehrung ausgeführt würde, hatte für die Organisation des Clans, für Familienstand, Registrierung und damit indirekt für Kriegsdienst, Fron und Steuern Bedeutung.

Im Vermögenserbrecht auf der anderen Seite hatten sich private Interessen und Billigkeit durchgesetzt. Die Prinzipien der Vermögenserbfolge sind deshalb weniger zwingend als im Sakralerbrecht.

Die Unterschiede zwischen Sakral- und Vermögenserbfolge beruhen auf den verschiedenen soziologischen Grundlagen beider Systeme, die sich in der Untersuchungsperiode deutlich voneinander abheben.

4.3 Sakralerbrecht

4.3.1 Soziologische Einordnung in die chinesische Kultur

Sakralerbfolge heißt für die chinesische traditionelle Kultur Nachfolge in die Ahnenverehrung. Folgende soziale Funktionen lagen diesem Rechtsinstitut zugrunde.

1. Die Ahnenverehrung war im traditionellen China ein sakrales, d. h. religiöses oder quasireligiöses Ritual, das seit der ältesten Geschichte bis ins 20. Jahrhundert geübt wird[183].

---

179 Abschnitt 4.3.3, S. 37ff.

180 Wie es SIAO, aaO., No. 10, S. 79f. und SUEN, aaO., S. 26 zu Unrecht versuchen.

181 Siehe S. 41.

182 Abschnitt 4.3.4.1, S. 43.

183 Eine „Konstante der chinesischen Glaubenswelt" seit der Shang-Zeit, H. FRANKE, Sinologie, Bern 1953, S. 92.
V. R. BURKHARDT, Chinese Creeds and Customs, Bd. III Hongkong 1959, S. 29, H. S. MAINE, Ancient Law, 1876, S. 191.
Nachwirkungen im kommunistischen China H. M. VAN DER VALK, The Law of Inheritance in Eastern Europe and in the People's Republic of China, II. China, Leyden 1961 (herausgegeben von Z. SZIRMAI). Zitiert: VAN DER VALK, Inheritance, China 1961, S. 320.

2. Darin finden sich Reste materialistischer Seelenvorstellungen[184], die unter anderem die „Ernährung" des Toten durch seine Deszendenten verlangen[185], da er sonst als „hungriger Geist" umherirre[186]. Auch soweit in Epochen kritischeren Denkens diese Vorstellungen, zumindest bei den gebildeten Schichten Chinas, sich vergeistigen, bleibt der Gedanke lebendig, daß von der Pflege nach seinem Tode das angenommene weitere „Schicksal" des Verstorbenen abhängig sei[187].

3. Nur Angehörige absteigender Generationen können die Toten verehren, und zwar müssen es Männer sein. Die direkten Nachkommen des Verstorbenen sind es meist, die die Ahnenverehrung ausführen. Das Ende der Ahnenverehrung mangels männlicher Nachkommen war allgemein gefürchtet, und es wurde als Pflichtverletzung gegenüber den Vorfahren angesehen, keine Söhne zu zeugen[188].

So förderte die Ahnenverehrung die Vielweiberei und hohe Kinderzahl in der chinesischen traditionellen Gesellschaft.

Nachwirkungen dieser Grundsätze der Ahnenverehrung zeigen sich in der positiven Einstellung von Chinesen zu hoher Kinderzahl und in der Bevorzugung von Söhnen noch heute in Hongkong und Taiwan[189].

4. In Verbindung mit der Tugend der „kindlichen Pietät" (hsiao)[190] war die Ahnenverehrung die Grundlage der chinesischen Moral- und Wertordnung[191]. Der Konservativismus der traditionellen Chinesen kann als Ausstrahlung dieser Normen angesehen werden[192].

---

184 E. F. Bruck, Totenteil und Seelgerät im griechischen Recht (für das antike Griechenland), S. 229, 292; ders., Kirchenväter und soziales Erbrecht, S. 31 (Allgemein für den „primitiven Menschen ältester Stufe").

185 Solcher „Leichenschmaus" wurde vom Verfasser 1961 und 1964/65 in Hongkong beobachtet.

186 Vgl. Burkhardt, aaO., Bd. III, S. 33.

187 Ebenso für antikes Griechenland E. F. Bruck, Totenteil und Seelgerät im griechischen Recht, S. 166.

188 Der berühmte Satz der Philosophen Menzius 不孝有三無後為大 pu hsiao yu san, wu hou weit ta, heißt übersetzt: „Es gibt drei Dinge, die ein Vergehen gegen die Pflicht kindlicher Ehrerbietung sind, das schlimmste ist es, keine Nachkommen zu erzeugen." In China wurde sogar der einzige Sohn von Todesstrafe und lebenslänglichem Exil befreit, damit er die Ahnenverehrung fortsetzen konnte (Boulais, aaO., S. 105 mit Verweisung auf Ch'ing-Codex). Das Fehlen eines Sohnes, der den Totenkult ausführen konnte, war auch in Griechenland gefürchtet. (Bruck, Totenteil und Seelgerät im griechischen Recht, S. 273.)

189 Beobachtungen des Verfassers 1960/61 und 1964/65.

190 Chinesisch: 孝. Siehe Freedman, aaO., S. 88.

191 O. Franke in: Handwörterbuch der Rechtswissenschaft, herausgegeben von F. Stier-Somlo und A. Elster, Berlin 1926, Artikel „Chinesisches Recht", S. 868; Tai Yen-hui, „Prinzipien der Geschichte des chinesischen Rechtssystems", Taipei 1960, S. 80.

192 A. H. Smith, aaO., S. 184.

5. Die Ahnenverehrung bestimmt den gesellschaftlichen Rang einer Person in der chinesischen traditionellen Kultur. Wer als institutionalisierter Rechtsträger die Ahnenverehrung vollzieht, wird von den Clanmitgliedern geachtet[193]. Die Frauen können keine Ahnenverehrung ausführen[194] und haben einen geringeren Status.

6. Clan und Familie organisierten sich auf der Grundlage der Ahnenverehrung[195]. Die Ahnenverehrung erzwang die Ansammlung wirtschaftlich bedeutender Vermögenswerte. Grundstücke, Familiengräber und Ahnenhallen sollten die wirtschaftlichen Voraussetzungen gewähren, um die Ahnenverehrung fortzuführen[196]. Die Versorgung älterer Clanmitglieder wurde durch solche Vermögenswerte gesichert.

Fehlte in armen Bevölkerungsschichten das Vermögen, dann konnte die Ahnenverehrung nicht durchgeführt werden[197].

7. Die Ahnenverehrung wurde in verschiedenen Formen vollzogen, die zum Teil erheblich voneinander abwichen. Die Quelle folgt dem klassischen System, das im sogenannten Tsung fa[198], dem „Clanrecht" wurzelt. Wenn auch dieses alte System zugegebenermaßen am Ende des 19. Jahrhunderts für das Familienvermögen unerheblich geworden war[199] und für die Familienvertretung an Bedeutung verloren hatte, sind doch die Regeln des Tsung fa im Sakralerbrecht in Überresten bis in unser Jahrhundert bewahrt worden.

Allerdings war auch im Sakralerbrecht das klassische System um 1900 in seiner Bedeutung begrenzt und galt nicht als gemeines Recht. In Taiwan und Kuangtung waren abweichende Formen verbreitet.

Während nach dem klassischen Prinzip eine einzelne Person — sowohl in der Familie als auch unter der Bezeichnung „Ahnensohn"[200] für die Kultrollen des Clans — die wichtigen Riten der Ahnenverehrung ausführt, fehlt diese scharfe Institutionalisierung im Gewohnheitsrecht Taiwans. Dort verehren alle Söhne gleichermaßen[201].

---

[193] TS., S. 520; CH'Ü T'ung-tsu, aaO., S. 35.

[194] S. 33, Ziff. 3.

[195] S. 23.

[196] Es wurde vom Verfasser 1960/61 und 1964/65 in Taiwan und Hongkong beobachtet, daß große Teile des Grundbesitzes der Ahnenverehrung gewidmet sind. In Hongkong soll es ein Drittel der ländlichen Gebiete sein, FREEDMAN, aaO., S. 11ff.

[197] Als Ersatz bildeten sich freiwillige Vereinigungen (FREEDMAN, aaO., S. 92ff.), wie sie auch vom Verfasser in Hongkong beobachtet wurden, die auch religiöse Funktionen des Clans übernehmen. Vgl. Klaus MÄDING, Wirtschaftswachstum und Kulturwandel in Hongkong, 1964, Abschnitt 3.2.2.

[198] Chinesisch: 宗法

[199] Insofern trifft CH'Ü T'ung-tsu, aaO., S. 36 zu.

[200] Chinesisch: 宗子 tsung tzu.

[201] TS., S. 513. Nach meinen Erfahrungen ebenso im Gewohnheitsrecht Hongkongs.

Durch diese partikuläre Abweichung wird die Trennung zwischen Sakral- und Vermögenserbrecht verwischt.

Die Darstellung folgt dem klassischen System im Anschluß an die Quelle (TS.), die es in schöner Vollständigkeit und Präzision übermittelt. Die partikulären Abweichungen werden jedoch nicht übergangen, sondern in den Grundzügen erwähnt[202].

4.3.2 Die Rechte und Pflichten des Sakralerben

In den folgenden sakralrechtlichen Ausführungen wird an Stelle von „Erblasser" von „Hausherr" gesprochen und statt „Erben" von „Sakralerben" bzw. „Nachfolger in die Ahnenverehrung" bzw. „Legaladoptivsohn" oder in bezug auf den Gesamtclan in Anlehnung an einen alten chinesischen Ausdruck von „Ahnensohn". Diese Spezialausdrücke verhindern unangebrachte vermögensrechtliche Vorstellungen.

Die Sakralerbfolge beginnt beim Tode des bisherigen Trägers der Ahnenverehrung. Die Ahnenverehrung wird von einem Verwandten als Sakralerben fortgeführt. Der Sakralerbe verehrt sowohl die Ahnen der höheren Generationen als auch den verstorbenen Hausherrn. Es gibt neben dem Sakralerben des Clans auch Sakralerben der Familien, die andere Kultrollen haben[203].

Der Sakralerbe des Gesamtclans heißt „Ahnensohn". Die Bezeichnung „Ahnensohn" ist die Übersetzung des chinesischen Ausdrucks Tsung tzu[204] und bedeutet „Nachfolger in die Ahnenverehrung". Er ist der „Hohepriester" des Clans[205].

Die Aufgaben der Ahnenverehrung, die auf den Sakralerben übergehen, sind vielfältiger Art. Die Riten zur Ahnenverehrung fanden regelmäßig statt, täglich in der Form von Weihrauchopfern im Hause, zu bestimmten Terminen in den Ahnenhallen und zweimal jährlich an den Gräbern. Die zeremoniellen Einzelheiten gehören in religionswissenschaftliche Untersuchungen[206] und brauchen hier nicht näher behandelt zu werden.

---

202 Abschnitt 4.3.8, S. 53ff.

203 S. 25.

204 Chinesisch: 宗子

CH'Ü T'ung-tsu, aaO., S. 33 gebraucht diesen Ausdruck sowohl für den Clan als auch für die Familie.

Das Li Chi (nach S. COUVREUR [übers.], Li Ki, Bd. I, S. 785) gibt Beispiele für den Gebrauch des Wortes Tsung tzu beim Kult des Gesamtclans.

205 Chinesisch: 主祭 chu chi, wörtlich „Zeremonienmeister", TS., S. 519.

206 Siehe J. J. M. DE GROOT, The Religious System of China, 6 Bände, Leyden 1892 bis 1910, BOULAIS, aaO., S. 105.

Nicht alle Riten der Ahnenverehrung wurden vom Sakralerben ausgeführt. Üblicherweise brannten die Frauen den täglichen Weihrauch ab. Die wichtigen Riten waren jedoch ausschließlich dem Sakralerben vorbehalten[207]. Er übt beim Begräbnis des Hausherrn das ehrenvolle Amt des „Haupttrauertragenden" aus[208] und tut damit seinen neuen Status den Clanmitgliedern kund.

Es wird behauptet[209], daß in älterer Zeit der Sakralerbe auch kraft seiner Stellung Familienvorstand, ja sogar Inhaber des Familienvermögens gewesen sei[210]. Tatsächlich überschneiden sich beispielsweise bei der Führung des Familienregisters, das für Ahnenverehrung wie für Steuererhebung wichtig war, die Aufgaben von Sakralerben und Familienvorstand.

Für die Zeit am Ende des 19. Jahrhunderts steht jedoch eindeutig fest, daß die verschiedenen Rollen wie Sakralerbe, Inhaber des Familienvermögens und Familienvorstand getrennt waren. Das ist aus dem Aufbau der Quelle des TS. zu schließen[211].

Für diese Epoche hebt sich das Wesen der Sakralerbfolge als einer Pflichtennachfolge in den Familienkult deutlich vom Vermögenserbrecht ab. Damit ist nicht ausgeschlossen, daß die Rollen sich zeitweilig in einer Person vereinigen konnten. Sie vereinigten sich aber nicht, weil eine Person Sakralerbe war, sondern weil die Voraussetzungen aller drei Rollen nebeneinander vorlagen.

Wenn somit der Sakralerbe nicht generell Inhaber des Familienvermögens war, hatte er doch besondere, seiner Rolle spezifische Vermögensrechte. Er verwaltete kraft seiner Stellung das „Ahnenvermögen", d. h. ein Sondervermögen, das nicht der Nachlaßteilung unterlag und das die der Ahnenverehrung gewidmeten Gegenstände von oft sehr erheblichem Wert, wie Ahnentempel des Clans, Ahnentafeln, Verehrungsgeräte verschiedener Art, Gräber, Felder umfaßte[212].

---

207 Li Chi (nach S. Couvreur [Übers.] Li Ki) Bd. I, S. 100, Ziff. 9.

208 Chinesisch: 承重 ch'eng chung. In der englischen Literatur als „chief mourner" bezeichnet.

209 So Jamieson, Translations from the Lü-li, or General Code of Laws of the Chinese Empire, in: China Review, Bd. VIII (1880), S. 198.

210 Ch'ü T'ung-tsu, aaO., S. 34. Vgl. zu den verschiedenen Rollen vorn S. 29f.

211 TS., S. 504f.

212 Aus verschiedenen, darunter auch europäischen Kulturen ist die Sitte bekannt, Gegenstände und Vermögenswerte dem Ahnenkult zu widmen. Für die Antike Bruck, Totenteil und Seelgerät im griechischen Recht, S. 307, 328. Dies mag der Überrest eines archaischen Brauchs sein, beim Todesfall das gesamte Vermögen des Verstorbenen zu zerstören oder ihm ins Grab zu geben. J. J. M. de Groot, The Religious System of China, Bd. II, S. 474, vgl. unten S. 91.

Die Rechtsnatur der Vermögensrechte des Sakralerben soll hier nicht näher geklärt werden. Es mögen sich dabei in den verschiedenen Landesteilen Chinas abweichende gewohnheitsrechtliche Formen gebildet haben. Falls dem Sakralerben Eigentum am Ahnenvermögen zuerkannt würde, ist es jedenfalls nur ein treuhänderisches Eigentum, das ihn im Innenverhältnis gegenüber den anderen Familienmitgliedern verpflichtete, die Gegenstände für die Ahnenverehrung zu verwenden und zum Übergang an seinen Nachfolger bereitzuhalten.

Wenn in chinesischen Gewohnheitsrechten dem Sakralerben bei Nachlaßteilung ein zusätzlicher Anteil zugesprochen wird, handelt es sich oft um Ahnenvermögen. Es kann aber auch eine Zuwendung unter Lebenden zur Erstattung der besonderen Aufwendungen gemeint sein, die der Sakralerbe bei den von ihm geleiteten Begräbniszeremonien hat.

Die Ahnenverehrung und die Verwaltung des Ahnenvermögens sind sowohl Recht als auch Pflicht des Sakralerben.

4.3.3 Die Bestimmung des Sakralerben

Der Sakralerbe des chinesischen traditionellen Rechts ist im allgemeinen der älteste Sohn der Hauptfrau des verstorbenen Hausherrn.

Es gelten folgende Grundsätze für die Bestimmung des Sakralerben:

A. Das Prinzip der männlichen Nachfolge.

Entsprechend der patrilinearen Familienauffassung des chinesischen traditionellen Rechts können nur Männer die Nachfolge in die Ahnenverehrung antreten[213]. Die Frau verläßt bei Heirat den Clan ihrer Geburt. Auch unverheiratete Frauen sind wegen der in ihrer sozialen Rolle begründeten, grundsätzlichen Absage der Frau an ihren Clan notwendig ungeeignet für die Nachfolge in die Verehrung der Ahnen. Die sakralrechtliche Ungleichheit beruht auf der patrilinearen Ordnung der chinesischen Familie. Der Gesetzesabschnitt über Sakralerbfolge spricht deshalb nur von Söhnen, nicht von Töchtern[214].

B. Das Prinzip der Nachfolge eines einzigen.

Die Eigenart der chinesischen Sprache hat zur Folge, daß aus dem sakralrechtlichen Gesetzesabschnitt nicht eindeutig hervorgeht, ob von einem oder mehreren Sakralerben die Rede ist. Die chinesische Sprache gebraucht nämlich meist keine Zusätze, die die Mehrzahl eines Wortes grammatisch klarstellen könnten. Jedoch ist aus dem Gesetz zu entnehmen, daß es voraussetzt, daß nur eine Person Sakralerbe ist.

---

[213] TS., S. 508.

[214] Ch'ing-Codex, Kapitel 78 (Lü), Boulais, aaO., S. 187, Ziff. 387.
Kulturgeschichtlich bemerkenswert ist die Etymologie des chinesischen Wortes für „Ahn" Tsu 祖, die auf früheren Phalluskult hinweist.

Es heißt dort[215]:

„Wenn die Hauptfrau das Alter von 50 Jahren überschritten hat, ohne einen Sohn zu gebären, erbt der älteste der Konkubinensöhne..."

Dieses Prinzip wird bestätigt durch das chinesische Rechtssprichwort: „Ein Vorfahr — ein Nachfolger"[216]. Ein einziger Deszendent wird privilegiert und in seiner Person findet der Clan bzw. die Familie ihre Fortsetzung.

Diese Sukzession geht nicht vom Interesse der Söhne aus, sondern von den sozialen Funktionen der Familie in der Gesellschaft und dem Interesse der Gesellschaft an klarer Bestimmung des Sakralerben.

C. Das Prinzip des ältesten Sohnes der Hauptfrau.

Im traditionellen China war Polygamie zulässig und in wohlhabenden Bevölkerungsklassen häufig. Neben der Hauptfrau[217] nahm der Mann eine beliebige Anzahl von Konkubinen[218], die rechtlich als vollgültige, wenn auch im Rang nachstehende Gattinnen anerkannt waren[219]. Die Vielweiberei im traditionellen China war Ausdruck der Vorherrschaft des Mannes[220]. Unter den verschiedenen Gattinnen stand rangmäßig die Hauptfrau an erster Stelle und ihr ältester Sohn war der bevorrechtigte Sakralerbe.

Die obengenannte Gesetzesstelle[221] spricht ausdrücklich an erster Stelle vom Sohn der Hauptfrau. Das heißt, Konkubinensöhne kommen erst dann als Sakralerben in Frage, wenn ein Sohn der Hauptfrau fehlt.

Der offizielle Kommentar zum Gesetz[222] bestätigt den Vorrang der Söhne der Hauptfrau wie folgt: „Zuerst erbt der älteste Sohn der Hauptfrau ohne Rücksicht auf das Alter von Konkubinensöhnen. Das heißt, der Würdigste erbt, nicht der Älteste."

---

215 Ch'ing-Codex, Kapitel 78 (Lü), Boulais, aaO., S. 187, Ziff. 387, chinesischer Text:
其嫡妻年五十以上無子者得立庶長子
ch'i ti ch'i nien wu shih i shang wu tzu che, te li shu chang tzu.
Eine deutsche Übersetzung siehe bei O. Franke, Die Rechtsverhältnisse am Grundeigentum in China, S. 46 (auch zu den folgenden Gesetzesstellen).

216 Chinesisch: 一宗一嗣 I tsung i szu.

217 Chinesisch: 妻 ch'i, in der englischen Literatur: „principal wife".

218 Chinesisch: 妾 ch'ieh.

219 Anders faßte der Oberste Gerichtshof der Republik China in Entscheidungen nach 1912 unter dem Einfluß moderner Gedanken das Konkubinat auf. Die Ausführungen von Betz, aaO., S. 366 treffen somit nicht auf das chinesische traditionelle Recht zu.

220 Ein Scheidungsrecht stand nur dem Mann, nicht der Frau zu (chinesisch hieß es 出妻 ch'u ch'i).

221 Siehe Anm. 215

222 TS., S. 511. Dieser Kommentar hat Gesetzeskraft, siehe oben Seite 9.

Daß unter den Söhnen der Hauptfrau der älteste an erster Stelle erbt, ergibt sich ebenfalls aus einer Stelle des offiziellen Kommentars, wo es heißt:

„Für die Erbfolge der Söhne der Hauptfrau gilt: der Älteste erbt, nicht der Fähigste“[223].

Wenn mangels Söhnen der Hauptfrau Konkubinensöhne erben, gilt unter ihnen gemäß der oben zitierten Gesetzesstelle[224] das gleiche Prinzip der Seniorität.

D. Das Prinzip der Linien.

Die Quelle (TS.) spricht für das Sakralerbrecht von einem „Prinzip der Linien“[225].

Das Prinzip der Linien bedeutet, daß bei Tod eines Sakralerben nicht einer seiner jüngeren Brüder, sondern einer seiner Nachkommen neuer Sakralerbe wird. Da der Sakralerbe nach seinem Tod einer der zu verehrenden Ahnen geworden ist, folgt notwendig aus den Grundsätzen der Ahnenverehrung[226], daß ein Angehöriger der nächsten Generation verehrt. Der jüngere Bruder des Sakralerben ist nicht die geeignete Person, seinen verstorbenen älteren Bruder zu verehren.

Das Gesetz hat allerdings den Grundsatz der Linien nicht im Sakralerbrecht, sondern an anderer Stelle in der öffentlichrechtlichen Vererbung von Titeln festgelegt[227]. Die Quelle hält eine analoge Anwendung für geboten[228]. Diese Auffassung erscheint dem System des chinesischen Sakralerbrechts angemessen.

Chinesischer Text: 凡立嗣者先儘嫡長子不與庶子論
長幼所謂立子以貴不以長
fan li szu che, hsien chin ti chang tzu, pu yu shu tzu lun chang yu, so wei li tzu i kuei pu i chang. Anmerkung: hier wird für „ältesten Sohn der Hauptfrau“ 嫡長子 ti chang tzu benutzt; manchmal heißt auch der kürzere Ausdruck 嫡子 ti tzu „ältester Sohn der Hauptfrau“. Siehe Tai Yen-hui, „Prinzipien der Geschichte des chinesischen Rechtssystems“, S. 71.

[223] TS., S. 511. Chinesischer Text: 立嫡以長不以賢
li ti i chang pu i hsien.

[224] Anm. 215

[225] TS., S. 510. Dort heißt es genauer auf Chinesisch 直系主義 chih hsi chu i, „Prinzip der direkten Linie“. Wenn eine Linie eine getrennte Lebensgemeinschaft errichtet, heißt sie „Familienzweig“. siehe Anm. 155.

[226] S. 33, Ziff. 3.

[227] Ch'ing-Codex, Kap. 47 „Nachfolge in Ämter“ im Buch „Öffentliche Aufgaben“, Boulais, aaO., S. 102ff. Siehe auch G. T. Staunton, Ta Tsing Leu Lee, Penal Code of China, London 1810, S. 49.

[228] Ebenso Boulais, aaO., S. 187, Ziff. 388, der von chinesischen Sachverständigen beraten war.

Die Ahnenverehrung, um die es sich bei der Sakralerbfolge handelt, ist die „Staatsreligion“ Chinas gewesen[229]. Deshalb hat die Sakralerbfolge, obwohl sie grundsätzlich Privatrecht ist, auch öffentlichrechtliche Funktionen und kann sich deshalb an die öffentlichrechtliche Ämternachfolge anlehnen.

Zur Verdeutlichung wird die gesetzliche Regelung der Ämternachfolge im einzelnen aufgeführt. Danach folgen als Erben:

1. „der älteste Sohn der Hauptfrau und dessen Nachkommen“[230]
2. dann „der zweite Sohn der Hauptfrau[231] und dessen Nachkommen“[232]
3. „der älteste Konkubinensohn und dessen Nachkommen“[233] usw.

Das heißt, entsprechend der Anzahl der Söhne des verstorbenen Hausherrn bilden sich Linien aus deren Nachkommen. Unter den Sakralerben gilt Linealordnung mit Primogenitur. Die erste oder Hauptlinie, die aus dem ältesten Sohn der Hauptfrau und seinen Nachkommen besteht, erbt vor der zweiten, die zweite vor der dritten usf. Im Sakralerbrecht geht das Prinzip der Linie dem Prinzip der Generationen vor.

Sind Deszendenten einer Linie vorhanden, schließen sie ohne Rücksicht auf Generation und Alter alle Angehörigen der folgenden Linien aus.

Als leibliche Nachkommen nennt die Quelle auch die Söhne von Sklavinnen oder Dienerinnen[234].

Dafür lassen sich zwei Gründe heranziehen. Bei solchen Dienerinnen oder Sklavinnen wird die Beziehung des Konkubinats vermutet. Da außerdem solche Söhne in der Hausgemeinschaft des Hausherrn leben, wirkt zu ihren Gunsten der Gedanke der Hausgenossenschaft.

„Illegitime“ Söhne[235] haben dagegen kein Sakralerbrecht. Der Begriff der „illegitimen“ Söhne bedürfte eingehender Klärung in einer familienrechtlichen Untersuchung. Ich nehme an, daß es sich um außerhalb der Hausgemeinschaft gezeugte Söhne handelt.

Fehlen leibliche Nachkommen, so kann innerhalb jeder Linie durch Legaladoption[236] die Abstammung ersetzt werden.

---

[229] Vgl. Soziologische Grundsätze, S. 33, Ziff. 4.

[230] Chinesischer Text: 嫡長子孫 ti chang tzu sun; Boulais, aaO., S. 107, Ziff. 205, Anm. 2.

[231] Bzw. weitere Söhne der Hauptfrau.

[232] Chinesischer Text: 嫡次子孫 ti tz'u tzu sun; Boulais, aaO., S. 107, Ziff. 205, Anm. 2.

[233] Chinesischer Text: 庶長子孫 shu chang tzu sun, ebendort.

[234] TS., S. 510.

[235] Chinesisch: 姦生子 chien sheng tzu. Wörtlich übersetzt (Mathews' No. 817): Söhne, die in Unzucht (bzw. im Ehebruch) gezeugt sind. TS., S. 510. Sie haben aber Erbrecht am Vermögen, siehe unten S. 72.

[236] Siehe Abschnitt 4.3.4, S. 41 ff.

Es mag auffallen, daß nirgendwo im chinesischen traditionellen Recht Aszendenten und deren Nachkommen als Sakralerben genannt werden. Das ergibt sich aus der Natur der Ahnenverehrung, insbesondere dem oben erwähnten Grundsatz, daß die Angehörigen der aufsteigenden Generationen als Ahnen verehrt werden[237]. Die Grundlage der Ahnenverehrung ist die „kindliche Pietät"[238], die Angehörigen höherer Generationen geschuldet wird. Es würde einen Umsturz der strengen Ordnung der chinesischen Sakralerbfolge mit ihrer staatspolitischen Bedeutung[239] und eine von der chinesischen Sippenordnung zutiefst gefürchtete Verwirrung der Begriffe geben, wenn Aszendenten Deszendenten verehren würden.

Die Ordnung der Generationen ist insofern für die Ahnenverehrung eine entscheidende Grenze, wie im folgenden Abschnitt 4.3.4 noch näher ausgeführt wird.

Es folgen damit in der Rangordnung der Sakralerben als Klassen aufeinander:

— der älteste Sohn der Hauptfrau einschließlich Nachkommen,
— die anderen Söhne der Hauptfrau einschließlich Nachkommen,
— die Söhne von Konkubinen einschließlich Nachkommen,
— die Söhne von Sklavinnen einschließlich Nachkommen,
— ein Legaladoptivsohn einschließlich Nachkommen.

4.3.4 Die Adoption mit erbrechtlichen Wirkungen: die „Legaladoption"

Die Sakralerbfolge des chinesischen traditionellen Rechts ist grundsätzlich eine zwingende, gesetzliche Erbfolge. Der jeweilige Familienangehörige wird kraft seines verwandtschaftlichen Status Sakralerbe. Der Formalakt einer Einsetzung ist nicht notwendig. Eine Ausnahme gilt nur bei der letzten oben genannten Klasse des Legaladoptivsohnes[240]. Fehlen leibliche Nachkommen, dann adoptiert der Hausherr einen Sakralerben. Grundsätzlich dürfen nur Verwandte adoptiert werden[241]. Der Hausherr ist an eine strenge Rangordnung der Verwandten gebunden. Da die Einsetzung nicht nach dem freien Willen des Hausherrn geschieht, sondern nur etwas erklärt, zu dem der Hausherr ohnehin verpflichtet ist, vermeiden wir im Sakralerbrecht den Ausdruck „Testament"[242] und übernehmen auch nicht den von Betz empfohlenen

---

[237] S. 33, Ziff. 3.
[238] S. 33, Ziff. 4.
[239] S. 40.
[240] Ausdruck im Anschluß an Boulais, aaO., S. 187, „adopté légal". Es ist die Adoption mit sakralen Rechtswirkungen. Unterschiedliche Adoption siehe S. 43, Anm. 251.
[241] v. d. Sprenkel, aaO., S. 152.
[242] Im Vermögenserbrecht gebrauchen wir ihn mit gewissen Einschränkungen.

Ausdruck[243] „Wahlerbe" oder den Ausdruck Jean ESCARRAS[244] „héritier institué". Dabei könnte man mißverständlich an die Erbeinsetzung (heredis institutio)[245] des römischen Rechts denken, die es im traditionellen China nicht gibt.

Wenn das chinesische Gesetz von „Einsetzung eines Sohnes"[246] spricht, ist das im Sinne einer zwingenden Nachfolge zu verstehen, die bei leiblichen Nachkommen ipso iure, bei dem Legaladoptivsohn aufgrund einer genauen vorgeschriebenen, auswählenden Handlung erfolgt.

Die Adoption ist eine bis in ihre Einzelheiten auch in der europäischen Literatur behandelte Einrichtung des chinesischen Familienrechts[247]. Ohne das Material hier von neuem darzulegen und etwas abweichende Theorien darzubieten, wird die Adoption nur überblicksweise behandelt, soweit für das Verständnis des chinesischen traditionellen Erbrechts unumgänglich notwendig[248].

Die Einrichtung der Adoption beschränkt sich bekanntermaßen nicht auf China, vielmehr handelt es sich um einen in vielen Gesellschaften bekannten Fall „künstlicher Verwandtschaft".

Im traditionellen China war der älteste und stärkste Grund für die Adoption der Wunsch, einen Nachfolger für die Ahnenverehrung zu erlangen[249]. Die Adoption zum Zwecke der Sakralerbfolge wurde deshalb als „Adoption im eigentlichen Sinne" aufgefaßt und als solche im Gesetz behandelt. Andere Funktionen traten hinter diesen sakral-

---

[243] aaO., S. 369.

[244] Zitiert nach BETZ, aaO., S. 369.

[245] JÖRS-KUNKEL, Römisches Privatrecht, 3. Auflage, Berlin 1949, S. 321.

[246] Ch'ing-Codex, Kap. 78: 立嫡子 li ti tzu BOULAIS, aaO., S. 187, Ziff. 387, übersetzt mit „établir successeur".

[247] Aus der hier benutzten Literatur BOULAIS, aaO., S. 186ff., JAMIESON, aaO., S. 198, SIAO Tong, aaO., No. 11, S. 67—84.

[248] Auch nach 1949 wurden in der kommunistischen Volksrepublik China Adoptionen zur Ahnenverehrung als gültig anerkannt, allerdings wurden ihnen nur vermögensrechtliche, nicht sakralrechtliche Wirkungen belassen (v. D. VALK, Inheritance, China [1961], S. 323).

[249] Siehe vorn soziologische Grundsätze 1, 2, 4 (S. 32f).
TAI Yen-hui, „Prinzipien der Geschichte des chinesischen Rechtssystems", S. 72. Wie sehr man sich in China bemühte, diese Normen zu befolgen, damit nicht Unheil über die Familie komme und damit die Ahnenverehrung fortgeführt werden könne, zeigt TS. Anhang, S. 349f.
Ähnlich in Rom zur Fortsetzung der Totenopfer, (sacra) BRUCK, Kirchenväter und soziales Erbrecht, S. 32; BRUCK, Totenteil und Seelgerät im griechischen Recht, S. 272, 276 spricht von „Adoption zu Totenkultzwecken". Im Zusammenhang mit dem Hausgötterkult hatte der römische Hausvater die Pflicht, für Fortsetzung der Familie zu sorgen, MAX KASER, Das römische Privatrecht, in: Handbuch der Altertumswissenschaft, herausgegeben von H. BENGTSON, 10. Abt., 3. Teil. 3. Bd., S. 58.

rechtlichen Zweck zurück. Der Legaladoptivsohn war der für diesen sakralrechtlichen Zweck unter bestimmten gesetzlichen Voraussetzungen benannte „Adoptivsohn von Rechts wegen"[250].

Er ist streng zu unterscheiden von dem „Adoptivsohn aus Wohltätigkeit"[251], der nur aus Gründen wirtschaftlicher Nützlichkeit in die Familie aufgenommen wird und keine Rechtsstellung in der Ahnenverehrung und grundsätzlich kein Vermögenserbrecht erhält[252].

4.3.4.1 Voraussetzungen der Legaladoption

Für die Legaladoption gelten folgende Gesetzesvorschriften (in logischer Reihenfolge):

Ch'ing-Codex, Kapitel 78 (Lü)[253]:

„Wer rechtswidrig einen Erben einsetzt, erhält 80 Schläge mit dem großen Stock"[254].

Die Einzelheiten für die rechtmäßige Einsetzung des Sakralerben gibt Kapitel 78 im 1. Zusatzartikel (Li 1)[255]:

„Wer keinen Sohn hat, ernennt zum Nachfolger einen Neffen[256] gemäß der Familienrangordnung[257].

---

250 Im Chinesischen trägt er die Bezeichnung 繼子 chi tzu „Nachfolger", 嗣 szu „Nachfolger".

251 Chinesisch: 義子 i tzu. Diese Unterscheidung gilt auch nach taiwanesischem Gewohnheitsrecht, Santaro OKAMATSU, Provisional Report on Investigations of Laws and Customs in the Island of Formosa, 1902, S. XIf. Unterscheidung ebenfalls in einer Gerichtsentscheidung des Supreme Court of Hong Kong, 16 Hong Kong Law Reports (zitiert H. K. L. R.), p. 428. BETZ verwechselt aaO., S. 370 die chinesischen Bezeichnungen, indem er kuo fang (Legaladoption) als „adoption simple" im Sinne der „Adoption aus Wohltätigkeit" bezeichnet.

252 BOULAIS, aaO., S. 187.

253 Chinesischer Text: 凡立嫡子違法者杖八十 fan li ti tzu wei fa che, chang pa shih. Siehe auch BOULAIS, aaO., S. 187, Ziff. 387; JAMIESON, aaO., S. 195; E. J. EITEL, The Law of Testamentary Succession as Popularly Understood and Applied in China, in: China Review, Bd. XV, S. 154.

254 Tatsächlich kam die Strafe von 80 Schlägen wahrscheinlich nur selten zur Anwendung, da die folgenden Artikel für die häufigsten Einzelfälle nur 60 Schläge vorschreiben.

255 Chinesischer Text bei BOULAIS, aaO., S. 188, Ziff. 396, S. 189.

256 Die Neffen sind nicht ausschließlich genannt, sondern bilden nur das Hauptbeispiel. In den nächsten Sätzen werden weitere Clanangehörige aufgeführt, die Nachfolger werden können.

257 Chinesisch: 昭穆相當 chao mu hsiang tang TS., S. 517; BOULAIS, aaO., S. 105, S. 189, Anm. 1. Chao mu sind die beiden Reihen der Ahnentäfelchen im Ahnentempel. „Chao" bezeichnet die links stehenden geraden Nummern, „mu" die rechts stehenden ungeraden Nummern (MATHEWS' No. 236). Hsiang tang heißt: „sich entsprechen". Die sinngemäße Übersetzung lautet etwa: „sich in der Rangordnung der Familie entsprechen".

An erster Stelle wählt er einen Nachkommen desselben Vaters[258], dann jemanden, für den er Trauer 3. Grades, 4. Grades oder 5. Grades trägt[259]. Wenn alle diese weggefallen sind[260], soll ein entfernter Agnat und schließlich ein Träger gleichen Familiennamens zum Erben eingesetzt werden."

Kapitel 78 (Lü):

„Jeder, der ein Kind unterschiedlichen Familiennamens adoptiert und aufzieht und hierdurch Familie und Clan in Verwirrung bringt, und jeder, der seinen Sohn als Nachfolger in eine Familie unterschiedlichen Familiennamens gibt, wird mit 60 Stockschlägen bestraft. Das Kind soll in seinen eigenen Clan zurückkehren"[261].

Die Strafe von 60 Stockschlägen trifft nach Gesetz auch denjenigen, der zwar die Vorschrift gleichen Familiennamens wahrt, aber bei der Adoption das rangnächste Familienmitglied übergeht.

Dazu Kapitel 78 (Lü):

„Wer bei der Einsetzung eines Nachfolgers — obwohl dieser zum gleichen Clan gehört — die Ordnung von Senioren und Junioren durchbricht, fällt unter dieselbe Strafe. Der betreffende Sohn muß zu seinen Verwandten zurückkehren und der rechtmäßige Nachfolger ist einzusetzen[262]."

Nicht im Gesetz genannte, selbstverständliche Voraussetzungen der Legaladoption sind:

1. Rechtsgültig können nur Personen niedrigerer Generation als der verstorbene Hausherr[263] adoptiert werden, da nach zwingenden Grundsätzen nur sie die Ahnenverehrung ausführen können.

2. Frauen können nicht rechtsgültig adoptiert werden[264].

---

[258] Außer den Neffen sind damit u. a. Großneffen gemeint.

[259] Chinesisch heißen diese Trauergrade: 大功 小功 緦麻 ta kung, hsiao kung, szu ma, Boulais, aaO., ausführlich S. 19ff.
Es kommt insbesondere in Frage:
3. Grad: Neffen, die in andere Familien adoptiert sind
4. Grad: Sohn eines Vetters väterlicherseits
5. Grad: Urgroßneffen u. a.

[260] Z. B. durch Tod, vgl. aber auch Abschnitt 4.3.5 (Enterbung).

[261] Ich folge hier der Übersetzung von Jamieson, aaO., S. 195. Etwas abweichend Boulais, aaO., S. 188. Der „Adoptivschwiegersohn" kann nach dieser Bestimmung im allgemeinen nicht Legaladoptivsohn werden (siehe unten S. 74).

[262] Chinesischer Text bei Boulais, aaO., S. 188, Ziff. 394; vgl. auch Jamieson, aaO., S. 195; Eitel, The Law of Testamentary Succession as Popularly Understood and Applied in China, in: China Review, Vol. XV, S. 155; G. T. Staunton, aaO., S. 84.

[263] S. 33, Ziff. 3.

[264] Tai Yen-hui, aaO., S. 72.

3. Der Adoptierende muß grundsätzlich mindestens 20 Jahre alt sein[265]. Für den Adoptivsohn besteht keine Altersgrenze.

4. Der Adoptierende muß verheiratet und kinderlos sein[266].

In den oben genannten Artikeln bestimmt das Gesetz, daß die Ordnung des „Chao mu", übersetzt mit „Familienrangordnung" einzuhalten ist. Es soll der Familienangehörige ausgewählt werden, der, falls der Adoptierende einen Sohn hätte, diesem am ehesten entspräche. Das bedeutet an erster Stelle, daß der Adoptierende den Legaladoptivsohn aus der Generation wählen soll, zu der ein leiblicher Sohn von ihm gehören würde. Da das Adoptionsverhältnis einem leiblichen Kindschaftsverhältnis nachgebildet ist[267], soll möglichst auch das Altersverhältnis gewahrt sein[268].

Der Ausdruck „Familienrangordnung" im chinesischen Text[269] heißt also in erster Linie: Rangordnung der Generationen. Innerhalb dieser Ordnung kommen zuerst die „Nachkommen desselben Vaters", d. h. andere Nachkommen des Vaters des Adoptierenden.

Demnach wählt der kinderlose Hausherr im traditionellen China für die Nachfolge in die Ahnenverehrung zuerst den Sohn eines Bruders. Meist ist der ausgewählte Neffe[270] der Sohn eines jüngeren Bruders, der so „das Haus wechselt"[271], um die Ahnenverehrung „im älteren Haus"[272] fortzusetzen.

Innerhalb einer Generation besteht eine Reihenfolge, die durch das Rechtssprichwort ausgedrückt wird:

„Ist der älteste Bruder ohne Söhne, so folgt der älteste Sohn des zweiten Bruders.

Hat der zweite Bruder keine Söhne, so folgt der zweite Sohn des ältesten Bruders[273]."

---

265 Tai Yen-hui, aaO., S. 75; Santaro Okamatsu, aaO., S. XII, Ziff. a 1, lehnt ab, daß eine solche Sollvorschrift bestand.

266 Betz, aaO., S. 369. Abweichendes Gewohnheitsrecht in Taiwan, siehe S. 54, Ziff. a.
Ausnahmsweise kann für den Sohn, der als Soldat unverheiratet gefallen ist, adoptiert werden.

267 Ebenso im römischen Recht: „adoptio naturam imitatur."

268 Siehe oben Ziff. 3.

269 Anm. 257.

270 Söhne von Schwestern werden nach der traditionellen chinesischen patrilinearen Auffassung nicht als Neffen angesehen.

271 Chinesisch: 過房 kuo fang, Okamatsu, aaO., S. XI, Beispiele im TS. Anhang, S. 340.

272 Chinesisch: 長房 chang fang.

273 Chinesischer Text: 長房無子次房長子次房無子長房次子
chang fang wu tzu, tz'u fang chang tzu,

Die Ausführung dieser Vorschriften bestimmt sich nach der Lage in der jeweiligen Familie. Ausnahmsweise gestattet das Gesetz[274], „die Person, die an erster Stelle für die Legaladoption in Frage kommt, zu übergehen, wenn sie irgendwann einmal Ärger verursacht hat". Das bedeutet, daß unter Wahrung der Familienrangordnung die bevorzugt von mehreren Verwandten in Frage kommende Person abgelehnt und eine dem Adoptierenden mehr zusagende Person gewählt werden darf. Die Grundprinzipien der Familienrangordnung, insbesondere die Generationenordnung, sind dabei jedoch zu befolgen.

Voraussetzung für die Adoption ist außerdem, daß der leibliche Vater des zukünftigen Legaladoptivsohns zustimmt[275]. Als jüngerer Bruder ist er aus Respekt gegenüber dem älteren meist zur Hergabe seines Sohnes verpflichtet, außer wenn es sein einziger ist[276].

Sind keine Neffen am Leben, dann erhebt sich die Frage, ob der Adoptivsohn unbedingt aus derselben Generation wie die Neffen gewählt werden soll — d. h. zum Beispiel ein Enkel eines Onkels des Adoptierenden — oder ob eine Generation übersprungen werden darf. Grundsätzlich ist die Ordnung der Generationen bei der Legaladoption die entscheidende „Familienrangordnung", da der Adoptivsohn den Sohn ersetzen soll[277]. Es können aber auch Verwandte nicht passender Generation die Hauptlinie fortsetzen: Sind nämlich die Neffen vorverstorben, aber Abkömmlinge von ihnen am Leben, dann adoptiert der Hausherr den verstorbenen Neffen als seinen Sohn und damit zugleich dessen Nachkommen, den Großneffen, als Erben[278].

Aus den Erwägungen des Einzelfalles kann unter Berücksichtigung der Hausgemeinschaft die obige Regel noch ausgedehnt werden, und es können innerhalb der Nachkommen desselben Vaters, von denen das Gesetz spricht[279], noch weitere Generationen übersprungen werden.

Fehlen Nachkommen desselben Vaters, was in chinesischen traditionellen Familien einen äußerst seltenen Fall darstellen dürfte, sind

---

tz'u fang wu tzu, chang fang tz'u tzu.
Jamieson, aaO., S. 198.
Jedoch gestattet in Abweichung von dieser Ordnung der Seniorität das Gesetz in zwei Fällen, Kapitel 78, Zusatzartikel (Li 3 und 6) innerhalb einer Generation den „würdigeren" auszuwählen ohne Bindung an die gerade genannte Ordnung, Boulais, S. 190, Ziff. 399, S. 191, Ziff. 401; Jamieson, aaO., S. 199.

[274] Ch'ing-Codex, Kapitel 78 (Li 6), Boulais, S. 191, Ziff. 401.

[275] Betz, aaO., S. 369.

[276] Auch dann ist Adoption möglich nach dem Prinzip „Der einzige Sohn vereinigt die Ahnenverehrung zweier Familien." Siehe Abschnitt 4.3.4.3.2, S. 50.

[277] S. 45.

[278] Jamieson, aaO., S. 201.

[279] Anm. 258.

nach dem Gesetz Verwandte dritten, vierten, fünften Trauergrades zu adoptieren[280]. Bei diesen Verwandten tritt — soweit möglich — das oben durchbrochene Generationenprinzip wieder in voller Stärke ein[281].

Von der Eigenart des jeweiligen Falles, der Enge der tatsächlichen Beziehungen und der Größe der Hausgemeinschaft wird es abhängen, ob als nächste Klasse die Urenkel des Onkels väterlicherseits (unter Fiktion der Generationenordnung) oder die Enkel von Vettern väterlicherseits (unter strenger Wahrung der Generationenordnung) zu adoptieren sind. Nach den Erklärungen zu den Trauergraden[282] gehören die Urenkel des Onkels väterlicherseits zum 4., die Enkel von Vettern väterlicherseits erst zum 5. Trauergrad. Danach würden die ersteren vorgehen.

Doch sollte wegen der Natur des chinesischen Rechts, das zu geschmeidiger Anpassung an den Einzelfall neigt, die Entscheidung nicht rein systematisch getroffen werden.

Versagen alle diese Klassen, so gestattet das Gesetz, irgendein Clanmitglied[283], oder, falls auch dieses mangelt, irgendeinen Träger des gleichen Familiennamens[284] zu adoptieren. Fehlen Verwandte, dann fingiert das chinesische Gewohnheitsrecht bei gleichem Familiennamen die Verwandtschaft[285]. Der gleiche Familienname ist bei der Legaladoption die zwingende Grenze[286].

Sklaven können nicht adoptiert werden[287].

Von dieser letzten Grenze der chinesischen Legaladoption aus erscheint der Begriff der Familie im traditionellen China in einem deutlicheren Licht.

Obwohl grundsätzlich nur Verwandte adoptiert werden sollen, können schließlich auch Personen, die nicht verwandt sind, durch die

---

280 Anm. 259.

281 Von den Abkömmlingen eines Onkels väterlicherseits sind zuerst dessen Enkel zu adoptieren, da sie in derselben Generation wie ein Sohn des Adoptierenden stehen.

282 Boulais, aaO., S. 19ff.

283 Chinesisch: 同宗 t'ung tsung.

284 Chinesisch: 同姓 t'ung hsing.

285 Tai Yen-hui, „Prinzipien der Geschichte des chinesischen Rechtssystems", S. 76; H. S. Maine, Ancient Law, S. 194.

286 Sonderregelung: Wer ein Findelkind unter 3 Jahren aufzieht, kann ihm zwar seinen Familiennamen geben, darf es aber trotzdem nicht als Legaladoptivsohn einsetzen. Gesetzesbestimmung Kapitel 78 (Lü).
Boulais, S. 190, Ziff. 400 mit chinesischem Text. Vgl. auch Jamieson, aaO., S. 195.

287 Tai Yen-hui, loc. cit. S. 76.

Adoption in die Familie aufgenommen werden. Die eigentliche Grundeinheit der chinesischen Gesellschaft ist die Hausgemeinschaft, die sich nicht auf die Familie im engen Sinne der Blutsverwandtschaft beschränkt. Die chinesische Hausgemeinschaft umfaßt neben den Gattinnen andere Personen, die nicht mit dem Hausherrn blutsverwandt sind. Hier wird aber vermieden, an Stelle von „Familie" nur von „Hausgemeinschaft" zu sprechen, da dieser Ausdruck etwas künstlich klingt[288]. Wir verwenden ihn nur bei der Frage gemeinsamer Wirtschaftsführung der Familie[289].
Zusammenfassend ist festzustellen, daß das Institut der Legaladoption es ermöglicht, die strenge Liniengliederung im chinesischen Sakralerbrecht aufrechtzuerhalten. Die Linien brauchen nicht zu erlöschen, da nach den präzisen Regeln der Legaladoption, denen weder Klarheit noch Geschmeidigkeit fehlt, Nachfolger für erloschene Linien legitim gefunden werden können. Die Legaladoption verhilft einer Person zu vollgültigem Status, da sie die Generationenordnung als ihren entscheidenden Grundsatz nimmt und sich damit genau in die chinesische traditionelle Familienordnung einpaßt.

Im chinesischen Sakralerbrecht herrscht das Prinzip der Linienordnung, ergänzt durch das Prinzip der Generationenordnung.

Die Legaladoption wird, wenn die gesetzlichen Voraussetzungen vorliegen, zeremoniell vollzogen. Ein Horoskop wird aufgestellt, ein schriftlicher Vertrag unterschrieben und die neuen Ahnen werden vom Legaladoptivsohn erstmalig verehrt[290].

Diese Adoption bewirkt, daß der Adoptivsohn in der neuen Familie rechtlich die volle Stellung eines leiblichen Sohnes einnimmt[291]. Er trauert „3 Jahre" für seinen Adoptivvater[292], dagegen nur noch „1 Jahr" für seinen leiblichen Vater[293]. Der Adoptivsohn scheidet im übrigen aus seiner leiblichen Familie aus und verliert sein dortiges Erbrecht[294].

---

[288] Bünger (Chin. BGB., S. 264), übersetzt in § 1122ff. des chin. BGB., in dem traditionelle Gedanken erhalten sind, den chinesischen Ausdruck chia 家 mit „Hausgemeinschaft" und nicht mit „Familie". Anklänge an chinesisches traditionelles Recht gibt § 1123 III chin. BGB. (aaO.): „Wer ohne verwandt zu sein, zum Zwecke der dauernden Lebensgemeinschaft in einer Hausgemeinschaft lebt, gilt als Hausgenosse."

[289] S. 56.

[290] Tai Yen-hui, aaO., S. 77, 78.

[291] Okamatsu, S. XIV; Tai Yen-hui, aaO., S. 77; Betz, aaO., S. 370, 367, abweichend von § 1764 deutsches BGB.

[292] Chinesisch: 斬衰 chan ts'ui, 1. Trauergrad Boulais, S. 17.

[293] Chinesisch: 齊衰不杖期
ch'i ts'ui pu chang ch'i im 2. Trauergrad; Boulais, aaO., S. 18.

[294] Betz, aaO., S. 370.

4.3.4.2 Beendigung des Legaladoptionsverhältnisses

Die Legaladoption kann in folgender Weise enden:

1. Aufhebungsvertrag zwischen der alten und der neuen Familie ist jederzeit möglich[295].
2. Widerruf durch die neue Familie, wenn
   a) der Adoptivsohn unehrerbietig oder verschwenderisch ist[296],
   b) die neue Familie einen leiblichen Sohn bekommt[297].
3. Kündigung durch die alte Familie, wenn
   a) Fall 2b eintritt,
   b) die alte Familie ihre Söhne verliert[298],
   c) die neue Familie ohne Zustimmung der alten Familie den Adoptivsohn weiterverkauft.
4. Aufhebung von Amts wegen, wenn der Adoptivvater den Adoptivsohn grausam oder unsittlich behandelt[299].

Alle diese Vorschriften sind nicht zwingend. Das Erlöschen bewirkt, daß der Legaladoptivsohn mit seiner Frau und seinen Kindern in seine alte Familie zurückkehrt.

4.3.4.3 Sonderfälle der Legaladoption

1. Nach Tod des Hausherrn

Falls der Hausherr verstorben ist, ohne Söhne zu haben oder einen Legaladoptivsohn zu ernennen[300], kann ein solcher durch den Clanvorstand[301] nachträglich eingesetzt werden[302].

Darüber bestimmt das Gesetz[303]:

„Eine Witwe ohne Sohn . . . verläßt sich auf den Clanvorstand, der einen Erben entsprechend der Familienrangordnung bestimmt."

---

295 Okamatsu, aaO., S. XIV, vgl. Betz, aaO., S. 370.

296 Gesetzesbestimmung im Ch'ing-Codex, Kapitel 78, Zusatzartikel 1, siehe Boulais, S. 189, Ziff. 396 mit chinesischem Text.

297 Ch'ing-Codex, Kapitel 78, Zusatzartikel 3, siehe Boulais, aaO., S. 193, Ziff. 404.

298 Boulais, aaO., S. 192, Ziff. 403; Betz, aaO., S. 370.

299 Okamatsu, aaO., S. XV.

300 Dieser Fall heißt chinesisch 絕嗣 chüeh szu „mangelnder Nachfolger", 絕祀 chüeh chi „mangelnde Verehrung", 絕家 chüeh chia „leeres Haus". Beispiel in TS. Anhang, S. 357.

301 Chinesisch heißt diese Form 命繼 ming chi.

302 Vgl. Betz, aaO., S. 370. Diese Sitte ist auch in Taiwan häufig mit den dort herrschenden in Abschnitt 4.3.8 zu besprechenden Abwandlungen, TS., S. 517. Vgl. ausführlich zu beiden Formen Tai Yen-hui, Li chi, „Nachträgliche Erbeinsetzung" in: Fa hsüeh ts'ung k'an „Gesammelte Jurisprudenz", Taipei Jhrg. 1958, No. 10 (S. 20—35), No. 11 (S. 61—80). Fortgeltung in der Volksrepublik China v. d. Valk, aaO., S. 323.

303 Kapitel 78 (Li 2), chinesischer Text bei Boulais, aaO., S. 189, Ziff. 398. Vgl. Tai Yen-hui, aaO., S. 35.

Die religiöse Funktion der Familie als Träger der Ahnenverehrung duldet den Abbruch der Familienlinie und der Verehrung nicht[304]. Deshalb kann, wenn der Clanvorstand nicht die entsprechenden Maßnahmen trifft, auch die Witwe die Legaladoption ausführen[305].

Es gilt grundsätzlich dieselbe Rangordnung für die nachträgliche Legaladoption wie für diejenige bei Lebzeiten[306].

2. „Der einzige Sohn vereinigt die Ahnenverehrung zweier Familien"[307].

Hat von mehreren Brüdern, die in Hausgemeinschaft zusammenleben, nur einer einen Sohn, während die anderen ohne Söhne sind, dann kann dieser „einzige Sohn" für zwei oder mehr Linien verehren[308].

Voraussetzung ist, daß in der Hauptlinie (der Linie des ältesten Bruders) ein Sohn fehlt. Dann kann unter schriftlicher Zustimmung der Clanmitglieder[309] der ältere Bruder den Sohn adoptieren.

Die Folge ist eine Vereinigung der Familien, bei der der „einzige Sohn" für mehrere Linien verehrt[310]. Die Einzelheiten gehören in das Familienrecht. Bemerkenswert ist, daß später die Familienlinien sich wieder trennen können, falls der „einzige Sohn" mehrere Söhne hat. Jeder von diesen führt getrennt für eine der Familien, die sich zeitweise in der Person seines Vaters vereinigt hatten, die Ahnenverehrung fort.

4.3.5 Enterbung

4.3.5.1 Voraussetzungen

Ein sakralrechtlicher Erbe, der vor dem Hausherrn verstirbt, entfällt für die Nachfolge in die Ahnenverehrung.

Erbverzicht oder Ausschlagung werden für das Sakralerbrecht von der Quelle nicht erwähnt[311]. Aus dem Wesen dieser religiös bestimmten Pflichtennachfolge ist zu schließen, daß der ordnungsgemäße Nachfolger sich nicht aus eigenem Willen von seinen Pflichten dispensieren kann.

---

304 S. 32f.

305 22 H. K. L. R., p. 105.
Chinesisch heißt diese Form 立繼 li chi.

306 Tai Yen-hui, aaO., S. 74.

307 Chinesisch: 獨子兼雙祧
Tu tzu chien shuang t'iao.
Tai Yen-hui, aaO., S. 76; Betz, aaO., S. 369 nennt ihn „Ahnenrepräsentant zweier Familien".

308 TS., S. 513.

309 TS., S. 513.

310 Zutreffend Betz, aaO., S. 369.

311 Für das Vermögenserbrecht siehe Abschnitt 4.4.1.3.3, S. 81ff.

Allerdings kennt das chinesische Sakralerbrecht die Enterbung in der nach chinesischem traditionellem Recht zugleich Elemente einer Erbunwürdigkeitserklärung enthalten sind.

Das Gesetz enthält keine Regeln für die privatrechtliche Enterbung. Entsprechend unseren obigen Ausführungen[312] wenden wir die im Gesetzesabschnitt über öffentlichrechtliche Ämternachfolge enthaltenen Vorschriften über „Erbunwürdigkeit"[313] analog auf das Sakralerbrecht an.

Jedoch ist dabei den Unterschieden zwischen der Ämternachfolge und der Ahnenverehrung Rechnung zu tragen. Die Ahnenverehrung ist grundsätzlich als Privatrecht zu verstehen. Wenn sie daneben auch zweifellos öffentlichrechtliche Funktionen hat, wird sie doch schwächer von öffentlichrechtlichen Interessen bestimmt als die Ämternachfolge. Ein sittlicher Makel, der zwingend von der Ämternachfolge ausschließt, kann, aber muß nicht eine Person auch untragbar für die Aufgaben der Ahnenverehrung machen.

Die letzte Entscheidung darüber liegt beim Hausherrn. Im chinesischen Privatrecht ist nicht von zwingender Erbunwürdigkeit, sondern nur von Enterbung zu sprechen.

Die Quelle[314] gibt folgende Anmerkungen zur Enterbung:

„Soweit es keine Angelegenheit ist, die die Ämternachfolge betrifft, kann das Erbrecht weit ausgelegt werden. Die Sittlichkeit[315] berücksichtigt die menschliche Natur"[316].

Der Hausherr kann eine Person nicht frei aus eigenem Willen, sondern nur bei schweren sittlichen Verstößen enterben. Die sakralrechtliche Nachfolge ist nach chinesischer Auffassung ein Recht, das den Familienmitgliedern kraft ihres Status notwendig zusteht. Wie beim Pflichtteilsrecht des deutschen Bürgerlichen Gesetzbuches[317] ist nur bei schweren Verstößen ein Entzug dieses Rechts möglich. Die Enterbung ist in China eine Ausstoßung aus dem Familienverband[318]. Sie kann bis zum Lebendigbegraben gehen[319].

---

[312] S. 39f. Ebenso die Quelle TS., S. 514.

[313] Boulais, aaO., S. 107, Ziff. 205.

[314] TS., S. 515.

[315] Chinesisch: 禮 li. Dieses Beispiel bestätigt, wie in Abschnitt 1.1 S. 6 ausgeführt, die entscheidende Bedeutung der „Sittlichkeit" für die privatrechtliche Erbfolge.

[316] Chinesisch: 人情 jen ch'ing.

[317] § 2333 BGB.

[318] Nach dem Recht des BGB. ist ein solcher Ausschluß nicht möglich (G. Beitzke, Familienrecht, 7. Aufl., München 1959, § 1 II 2). Jedoch ist die Pflichtteilsentziehung eine abgeschwächte Form der Ausstoßung aus der Familie (Staudinger-Ferid, BGB. § 2333, Anm. 1).

[319] Jamieson, aaO, S. 202; Eitel, aaO., S. 152.

Voraussetzung dieses Ausschlusses ist, daß die Person erbunwürdig ist, d. h. die Pflichten gegenüber dem Hausherrn grob verletzt oder die Familienehre geschädigt hat.

Die einmalige Begehung eines solchen Vergehens genügt. Abgesehen von einem schweren Verbrechen[320] kommen als Verstöße die „Zehn Erzfrevel"[321] in Frage, insbesondere unzulässiges Verhalten gegenüber Aszendenten.

Die Unfilialität schließt beispielsweise ein[322]:

— Widerspruch und Schimpfen gegenüber Aszendenten,
— während der Lebzeiten von Aszendenten getrennt von ihnen zu leben[323],
— mangelnder Unterhalt gegenüber Aszendenten,
— während der Trauerzeit zu heiraten, fröhlich zu sein[324], die Trauerkleidung abzulegen,
— beim Tod von Aszendenten nicht zu ihnen zu kommen, um die Riten auszuführen,
— Dritten gegenüber während der Lebzeiten von Aszendenten zu behaupten, sie seien tot.

Auf eine der Voraussetzungen solcher Erbunwürdigkeit muß sich der Hausherr berufen, wenn er enterben will.

Nach dem Prinzip der Linien schließt grundsätzlich eine enterbte Person alle ihre Nachkommen von der Sakralerbfolge aus[325]. Da diese Regel aber nicht die gleiche zwingende Kraft wie in der öffentlich-rechtlichen Ämternachfolge hat, kann gegebenenfalls einer dieser Nachkommen durch Legaladoption von neuem in die Reihe der Sakralerben aufgenommen werden.

4.3.5.2 Erklärung der Enterbung

Grundsätzlich erklärt der Hausherr die Enterbung im Testament[326] oder vor der örtlich zuständigen Behörde zu Protokoll, um Beweisschwierigkeiten auszuschalten.

---

320 Offizieller Kommentar des Ch'ing-Codex, Boulais, aaO., S. 107.

321 Chinesisch: 十惡 shih o; TS., S. 514; Tai Yen-hui, aaO., S. 80. Deutscher Ausdruck im Anschluß an Bünger, Religiöse Bindungen, S. 63, siehe auch H. Wilhelm, Gesellschaft und Staat in China, Hamburg 1960, S. 52.

322 Tai Yen-hui, aaO., S. 80.

323 Beleg aus den klassischen Schriften in S. Couvreur (Übers.) Li Ki, Bd. I, S. 453, Ziff. 19.

324 Chinesisch: 作樂 tso lo.

325 TS., S. 515. Zwingende Bestimmung in Ch'ing-Codex für die Ämternachfolge, Boulais, S. 108, Ziff. 208.

326 TS., S. 515. Die Grundsätze des Testaments siehe unten Abschnitt 4.4.1.3 und 4.4.2. Enterbung durch Testament lehnt Eitel, aaO., S. 152 ab.

Die sakralrechtliche Enterbung kann widerrufen werden.

Ohne daß die Quelle dies erwähnt, ist aus allgemeinen Grundsätzen zulässig, daß die Ausstoßung aus der Familie und damit die sakralrechtliche Enterbung auch von dem Clanältesten erklärt werden kann[327]. In der gerichtlichen Funktion, die er mit Billigung des Staates im traditionellen China ausübte[328], war er für Konflikte im Clan zuständig. Die Enterbung durch den Clanältesten bietet gewisse Ähnlichkeiten zu der gerichtlichen Erbunwürdigkeitserklärung, wie sie uns aus dem deutschen BGB. bekannt ist.

4.3.6 Beginn der Sakralerbfolge

Die Ahnenverehrung eines bestimmten Vorfahren kann erst nach dessen Tod beginnen. Wenn ein Deszendent vorhanden ist, beginnt er sofort die Verehrung. Er verehrt neben dem Verstorbenen auch die übrigen Ahnen der Familie. Ist kein leiblicher oder adoptierter Deszendent vorhanden, verstreicht eine Wartezeit. Falls die Frau des verstorbenen Hausherrn schwanger ist, wird die Geburt des Kindes abgewartet, das, wenn es ein Sohn ist, die Ahnenverehrung übernimmt. Anderenfalls ist ein Sohn zu adoptieren[329]. Während der Wartezeit können die Ehefrau oder Verwandte die Verehrung ausführen.

4.3.7 Ort der Sakralerbfolge

Jedem Angehörigen der chinesischen Kultur ist der Ursprungsort seiner Familie durch mündliche Überlieferung und aus den oft für viele Hunderte von Jahren vom jeweiligen Familienvorstand geführten Clan-Büchern bekannt.

Die Ahnenverehrung ist an diesem Stammsitz der Familie auszuführen, die Familienmitglieder dürfen ihn grundsätzlich nicht verlassen[330]. Soweit Familienangehörige ihn mittlerweile verlassen haben, kehren sie zum Chinesischen Neujahr dorthin zurück[331]. Dort verbringen die Beamten die Trauerzeit für ihre nächsten Aszendenten. Als Ort der Ahnenverehrung bezeichnet die Quelle den Wohnsitz, nicht den Stammsitz der Familie, wenn der abweichende Wohnsitz schon seit mindestens drei Generationen besteht[332].

4.3.8 Regional abweichendes Sakralerbrecht

Bei den soziologischen Grundlagen des Sakralerbrechts[333] ist erwähnt worden, daß in den Untersuchungsgebieten weitgehend vom

[327] Boulais, aaO., S. 203.
[328] S. v. d. Sprenkel, aaO., S. 112, 85.
[329] Siehe vorn Abschnitt 4.3.4.3, S. 49.
[330] Boulais, aaO., S. 161, Burkhardt, aaO., Bd. III, S. 30.
[331] Noch für das heutige Hongkong belegt, Barbara Ward, A Hong Kong Fishing Village, in: Journal of Oriental Studies, Hongkong, Bd. I (1954), No. 1, S. 206ff.
[332] TS., S. 509.
[333] S. 34.

hier beschriebenen klassischen Prinzip abweichendes Gewohnheitsrecht bestand.

Das klassische System macht es zwar jedem Familienmitglied zur Pflicht, den Ahnen Verehrung zu zeigen[334]. Darüber hinaus zentralisiert aber das klassische System die wichtigen Funktionen der Ahnenverehrung in der präzis gefaßten Institution des Sakralerben, der eine hohe Entwicklungsstufe der chinesischen Ahnenverehrung verkörpert.

In Taiwan gilt nicht das Prinzip eines einzigen Sakralerben, sondern die Ahnenverehrung verteilt sich sowohl in der Familie als auch im Clan auf die Gesamtheit der männlichen Nachkommen.

Außerdem weicht die Adoption in Taiwan vom beschriebenen System der Legaladoption ab[335]. Es werden

a) auch Söhne durch Personen adoptiert, die bereits einen oder mehrere Söhne haben[336],
b) auch Träger fremden Familiennamens adoptiert[337],
c) in großer Zahl Mädchen adoptiert[338].

Solche abweichenden Adoptionen haben nicht die Rechtsfolgen der sakralrechtlichen Legaladoption, und wir bezeichnen sie nicht als Legaladoption. Allerdings haben sie Rechtswirkungen im Vermögenserbrecht und werden dort näher besprochen[339].

Auch für Hongkong kann abweichendes Gewohnheitsrecht bei der Adoption gemäß Ziffer b) und c) belegt werden[340].

Es ist anzunehmen, daß die gewohnheitsrechtlichen Abweichungen im Sakralerbrecht auch im kontinentalen China weit verbreitet waren, da sie sich im Entwurf zur gesetzlichen Neuregelung des Erbrechts von 1926[341] gegenüber dem klassischen System durchsetzen konnten. Schließlich fand aber keines der beiden Systeme Aufnahme in das Bürgerliche Gesetzbuch der Republik China[342].

Die Unterschiede zwischen klassischem System und abweichendem Gewohnheitsrecht verringern sich bei häufiger Familienteilung, wie sie sich in moderner Zeit immer mehr eingebürgert hat. Denn bei der

[334] Z. B. wurde, wie erwähnt, das weniger zeremoniöse tägliche Abbrennen des Weihrauchs von den Frauen besorgt.

[335] „Tatsächlich ist die gegenwärtige Institution der Adoption in Formosa das Ergebnis einer schrittweisen Degeneration der chinesischen Sitte." (Okamatsu, aaO., S. XI.)

[336] Okamatsu, aaO., S. XIII; Tai Yen-hui, aaO., S. 74.

[337] Okamatsu, aaO., S. XIII; TS., S. 518. Nach Betz, aaO., S. 370, ist diese Abweichung auch in anderen Landesteilen Chinas weit verbreitet.

[338] Okamatsu, aaO., S. XI.

[339] S. 74.

[340] 16 H. K. L. R., p. 428. Vgl. auch „Strickland-Report" S. 201 (Aussage Dr. Vermier Chiu) und S. 256 (Aussage Mr. Lam).

[341] Zitiert nach Betz, aaO., S. 372, siehe auch S. 331.

[342] Siehe oben S. 3.

Familienteilung erhalten auch im klassischen System alle Brüder die Aufgabe der Ahnenverehrung, soweit sie einen eigenen Wohnsitz errichten und sich so vom Dorf, in dem der Clan ursprünglich gemeinsam lebte[343], absondern.

4.4 Vermögenserbrecht

4.4.1 Erbfolge in das Familienvermögen

4.4.1.1 Begriff des Familienvermögens

Für die chinesische traditionelle Gesellschaft der späten, hier untersuchten Periode lassen sich
Ahnenvermögen[344],
Privatvermögen[345] und
Familienvermögen[346]
unterscheiden. Für diese drei Arten gelten unterschiedliche Rechtsnormen, darunter auch unterschiedliches Erbrecht[347].

Ahnenvermögen ist ein Sondervermögen für Zwecke der Ahnenverehrung. Es folgt gemäß seiner religiösen Widmung eigenen Regeln und gehört dem Sakralerben oder gemeinsam den Mitgliedern von Clan bzw. Familie[348].

---

343 In Südostchina bestand oft das Dorf aus einem Clan. FREEDMAN, Lineage Organization in Southeastern China, S. 1.

344 Chinesisch: 祭田 chi t'en, (auch kung yeh), siehe S. 91.

345 Chinesisch: 私產 szu ch'an.

346 Chinesisch: 家產 chia ch'an 家財田產 chia ts'ai t'ien ch'an oder 財產 ts'ai ch'an. In Taiwan speziell gebräuchliche Ausdrücke 家貨 chia huo, 家產 chia ch'an 物業 wu yeh.
Davon bezeichnen die Ausdrücke 財產 ts'ai ch'an und 物業 wu yeh gelegentlich auch Vermögen, das nicht Familienvermögen ist (TS., S. 549).
Bei den Worten 家貨 chia huo und 家財田產 chia ts'ai t'ien ch'an ist zweifelhaft, ob sie den gesamten Bereich von sowohl beweglichen als auch unbeweglichen Sachen umfassen. Die Quelle benutzt das Wort 家產 chia ch'an für „Familienvermögen".

347 Die Meinung von BETZ, aaO., S. 371: „Das ältere chinesische Recht kennt ein Erbrecht im Sinne der Nachfolge in das Vermögen eines Verstorbenen überhaupt nicht", trifft nicht zu, da das Vermögenserbrecht im „älteren chinesischen Recht" sogar gesetzlich geregelt ist. Siehe S. 71.

348 Siehe unten S. 91.

Privatvermögen wird im chinesischen Recht als eine Ausnahme vom Familienvermögen behandelt[349]. Nur unter bestimmten engen Voraussetzungen erwirbt eine Person Privatvermögen. Auch an tatsächlicher Bedeutung steht das Privatvermögen in der chinesischen traditionellen Gesellschaft weit hinter dem Familienvermögen zurück.

An dritter Stelle nannten wir das Familienvermögen. Es ist in Übereinstimmung mit der Quelle (TS.) aus systematischen Gründen vom Ahnenvermögen zu trennen, das den abweichenden Grundsätzen des Sakralrechts folgt. Das Familienvermögen ist in der chinesischen traditionellen Agrargesellschaft in geschichtlicher Zeit, einschließlich der hier behandelten Epoche, die vorherrschende Vermögensform[350].

Es bedürfte eingehender Untersuchungen, um die kulturell geprägte Funktion der Familie als Vermögensträger im Zusammenhang mit den geographischen, demographischen, religiösen und sozialen Faktoren Chinas zu enthüllen[351]. Auch der moderne Chinese ist psychologisch noch durch die Tradition der Zusammenarbeit im Familienverband geprägt[352].

Zusammenfassend genügt hier die Feststellung, daß im traditionellen China die wirtschaftliche Aktivität auf der Hausgemeinschaft ruhte. Was die einzelnen Familienmitglieder erwarben, wurde grundsätzlich Familienvermögen[353].

Der Begriff des Familienvermögens wird deutlich, wenn man die Person des Gewalthabers in der chinesischen Familie zum Ausgangspunkt nimmt. Wir bezeichnen ihn als Familienchef. Der Familienchef ist zugleich Mitglied der ältesten lebenden Generation der Familie und Aszendent in der Hauptlinie. In seiner Person vereinigen sich ververschiedene personen- und vermögensrechtliche Rollen[354], die sich nach dem Erbfall trennen können.

---

349 TS., S. 56. So noch in den ersten Jahren der chinesischen Republik (nach 1912), v. d. Valk, aaO., S. 315.

350 TS., S. 547.

351 Auf die Literatur zur chinesischen Wirtschafts- und Sozialgeschichte sei verwiesen.

352 Vgl. K. Mäding, Wirtschaftswachstum und Kulturwandel in Hongkong, 1964, Abschnitt 3.3 dort.

353 McAleavy, aaO., S. 545.
Jamieson, aaO., S. 201.

354 Für den „Familienchef" nimmt unsere Quelle korrekterweise den Ausdruck 家祖 chia tsu und entsprechend unserer oben S. 29f. ausgeführten Unterscheidung nicht die Zeichen 家長 chia chang. „Chia tsu" heißt eigentlich „der eigene Großvater.

Siehe Morohashi, Dai-kanwa-jiten 大漢和辭典 unter 家 dort Nr. 195 (家祖), vgl. auch No. 88, 147, 217 (家長), 270. Wörtlich kann man „chia tsu" als „Familien-Ahn", „Familien-Gründer" übersetzen. Es handelt sich dabei

Dem Familienchef schulden die Nachkommen nach chinesischer traditioneller Auffassung „kindliche Pietät"[355]. Diese Ehrerbietung, die die Pflicht zum Gehorsam enthält, gibt dem Familienchef ein umfassendes Herrschaftsrecht. Der Familienchef hat „Hausgewalt"[356] als personenrechtliche Macht über die Familienmitglieder[357] und als vermögensrechtliche Verfügungsbefugnis über das Familienvermögen.

Diese Hausgewalt drückt sich in einer rigorosen Norm aus, nach der sich während der Lebzeiten des Familienchefs das Familienvermögen ansammelt.

Diese Norm ist schon im klassischen Buch der Riten zu finden und lautet dort:

„Wenn die Eltern leben, darf man kein Privatvermögen haben"[358].

An anderer Stelle heißt es dort:

„Deszendenten dürfen keine privaten Güter, Haustiere oder Geräte haben".

Schon seit der T'ang-Dynastie (618—907 n. Chr.) ist diese Norm durch gesetzliche Strafvorschriften geschützt. Solche finden sich auch in den Gesetzbüchern der Ming- (1368—1644 n. Chr.) und der Mandschu-Dynastie (1644—1911 n. Chr.).

---

aber auch um lebende Personen, so daß wir den Ausdruck „Ahn" nicht verwenden. Wir reservieren diesen für Verstorbene im Sakralerbrecht.

Der Ausdruck „Familienvater", den BOULAIS, aaO., S. 198f. („père de famille") und MCALEAVY, aaO., S. 542 („father of the family") benutzen, vermeiden wir hier. Eine solche Bezeichnung ist irreführend, da es sich beim Familienchef oft um den Großvater handelt. Die Bezeichnung „Hausherr" (siehe BÜNGER, Chin. BGB., S. 79, 88), die auch für den Familienchef verwandt werden könnte, reservieren wir im Interesse klarer Nomenklatur für das Sakralerbrecht (S. 35). Für das Vermögenserbrecht wird der Ausdruck „Familienchef" empfohlen und die weitverbreitete nachlässige Bezeichnung kritisiert. Diese Kritik bezieht sich insbesondere auf die englischsprechende Literatur, die oft unterschiedslos von „family head" spricht und dem „chia chang" Rechte zuschreibt, die nur der Familienchef hat.

355 Chinesisch: 孝 hsiao.

356 Ähnlich der römischen patria potestas, aber ihr nicht ganz entsprechend. MCALEAVY (im Anschluß an NIIDA) aaO. S. 543.

357 Die Personengewalt des Familienchefs umfaßt Leben und Tod der Deszendenten und wird nur durch die Sitte beschränkt. TAI Yen-hui, aaO., S. 79f.; BETZ, aaO., S. 367; MAINE, aaO., S. 135; KASER, Römisches Privatrecht, Studienbuch, S. 226 (für Rom). Im traditionellen China kann der Familienchef seine Nachkommen töten, verkaufen (beides auch in Rom) und auch, wenn sie erwachsen sind, unumschränkt über sie verfügen (anders in griechischen und germanischen Rechten). Die Deszendenten dürfen in China Aszendenten nicht verklagen.

358 S. COUVREUR (Übers.), Li Ki, Bd. I, Kap. 1, TS., S. 547. 父母在不有私財 fu mu tsai, pu yu szu ts'ai.

Der Ch'ing-Codex bestimmt[359]:

„Jeder Deszendent, der bei Lebenszeiten seiner Eltern oder Großeltern eine getrennte Familie oder getrenntes Vermögen errichtet, erhält 100 Stockschläge mit dem großen Stock."

Diese Rechtsnorm ist der Magnet, der das Vermögen in der Hausgemeinschaft zusammenhält[360].

Auch darf das Familienvermögen während der Trauerzeit für Aszendenten nicht geteilt werden[361].

Weiter heißt es im Ch'ing-Codex[362]:

„Die in der Hausgemeinschaft zusammenlebenden Junioren, die ohne Genehmigung von Senioren eigenmächtig über Familienvermögen verfügen, erhalten 20 Schläge mit dem kleinen Stock für je Vermögen im Wert von 10 Taels.

Die Strafe wird um 1 Grad erhöht für je 10 Taels Vermögen, darf aber nicht 100 Stockschläge mit dem großen Stock überschreiten."

In beiden Vorschriften wird die Hausgemeinschaft vermögensrechtlich gefördert[363]. Auch Vermögen, das ein Mitglied durch eigene Leistung außerhalb der Hausgemeinschaft erwirbt, fällt in das gemeinsame Vermögen[364]. Deszendenten, die aus der Hausgemeinschaft ausscheiden, verlieren ihre Vermögens- und Erbrechte[365].

Damit sind die juristischen Grundlagen freigelegt, unter deren Schutz sich größere Vermögenswerte als Hausgut ansammeln konnten. Man würde aber die individualistischen Tendenzen unterschätzen, die auch im traditionellen China wirkten, wollte man nur die zentripetale Kraft der Herrschaftsrechte des Familienchefs sehen und das sich insbesondere seit der Sung-Zeit (960—1279 n. Chr.)[366] entwickelnde entgegenstehende Recht übersehen.

Wirtschaftliche Notwendigkeiten fordern gewisse Möglichkeiten, das Familienvermögen auch schon während Lebzeiten des Aszendenten zu teilen. Das ist besonders häufig in den weniger vermögenden Schichten[367].

---

[359] Kapitel 87 (Lü), chinesischer Text bei Boulais, aaO., S. 198, Anm. 1.

[360] Fortwirkung dieses Prinzips noch in der Volksrepublik China, v. d. Valk, aaO., S. 316.

[361] Kapitel 87 (Lü), Boulais, dito.

[362] Kapitel 88 (Lü), chinesischer Text bei Boulais, aaO., S. 199, Anm. 2.

[363] Betz, aaO., S. 372. Seine Ansicht, daß das chinesische Gesetz Deszendenten zu Lebzeiten von Aszendenten den Erwerb eigenen Vermögens gestatte, trifft für das traditionelle Recht nicht zu.

[364] Überreste dieser Vorstellung in den bekannten Geldüberweisungen von Auslandschinesen an ihre Stammfamilie.

[365] Tai Yen-hui, aaO., S. 72; v. d. Valk, aaO., S. 324.

[366] Tai Yen-hui, aaO., S. 37.

[367] Tai Yen-hui, aaO., S. 34.

Das oben zitierte Delikt der Vermögensteilung mildert sich zu einem bloßen Antragsdelikt[368]. Schließlich wird in einem Zusatzartikel des Ch'ing-Codex[369] die Vermögensteilung mit Einwilligung der Eltern gestattet. Die Gestattung kann ausdrücklich oder stillschweigend sein[370]. Jedoch bleibt nach chinesischem traditionellem Gesetzesrecht die Teilung des Hausgutes zu Lebzeiten der Aszendenten die Ausnahme.

Der bloße Modellcharakter des chinesischen Gesetzes, der Durchbrechungen erlaubt, wird hier von neuem deutlich[371].

Die Teilung zu Lebzeiten des Familienchefs[372] fällt nach unserer Definition[373] nicht unter das Erbrecht, das nur die Nachfolge von Todes wegen umfaßt. Sie hat jedoch ähnliche Wirkungen wie ein Erbfall, da sie das Vermögen auf die nächste Generation überträgt[374].

Auch in Taiwan gilt die Regel, daß Sachen und Rechte, die einzelne Familienmitglieder erwerben, Teile des Familienvermögens werden[375]. Das TS. sagt jedoch von der Zeit um 1900, daß die Aufteilung von Vermögen zu Lebzeiten von Aszendenten sich in Taiwan immer mehr ausbreitet[376]. Privateigentum weiblicher Familienmitglieder wird besonders häufig. Sogar Grund und Boden, die Existenzgrundlage der Familie, werden in Privateigentum überführt[377].

Die häufige Durchbrechung des gesetzlichen Grundsatzes in Taiwan entzieht aber auch dort dem Familienvermögen nicht seine überragende Bedeutung als die am weitesten verbreitete Vermögensform.

---

[368] Ch'ing-Codex, Kap. 87 (Lü), Boulais, dito.

[369] Kap. 87 (Li), Boulais, dito.

[370] TS., S. 547. Im modernen Recht des chin. BGB. § 1127/28 können volljährige und verheiratete minderjährige Hausgenossen das Ausscheiden aus der Hausgemeinschaft verlangen. Der Hausälteste kann es bei berechtigtem Grund auch selbst anordnen, Bünger, Chin. BGB, S. 264.

[371] Vgl. S. 7.

[372] Sie ähnelt der römischen emancipatio, dazu Kaser, Römisches Privatrecht, Studienbuch, S. 232.

[373] Vgl. S. 31.

[374] Falls zu Lebzeiten des Familienchefs geteilt wird, gehen die Schulden, für die das Familienvermögen haftet, auf die Nachkommen über. Diese haften im Zweifel im Innenausgleich entsprechend ihren Anteilen. Ob sie nach außen gesamtschuldnerisch haften, untersuche ich nicht näher. Es gibt unterschiedliches partikuläres Gewohnheitsrecht, nach dem die Söhne während Lebzeiten des Vaters entweder nur bei dessen Zahlungsunfähigkeit oder abweichend davon immer auch unmittelbar haften. Siao, aaO., No. 11, S. 43/44.

[375] TS., S. 548.

[376] Dito, Beispiel TS. Anhang, S. 309.

[377] Andererseits widerspricht sich die Quelle, indem sie an späterer Stelle (TS., S. 576) für Taiwan meint, daß es nur wenige Beispiele für Teilung des Familienvermögens zu Lebzeiten gebe. Diese spätere Beschränkung ist jedoch nicht anzuerkennen, da an derselben Stelle eine Vielzahl von Gründen genannt werden, die gewohnheitsmäßig zur Aufteilung bei Lebzeiten von Aszendenten führen.

4.4.1.2 Der Eigentümer des Familienvermögens

Viele soziologische und historische Untersuchungen der chinesischen Familie unterlassen es, die mit „Familienvermögen" etikettierte Realität nach den einzelnen Rechtsbeziehungen zu untersuchen, die sich darin verbergen. Es erhebt sich aber vor allem die juristische Frage nach dem Inhaber, d. h. dem Eigentümer des Familienvermögens.

In primitiven Gesellschaften fehlt eine genaue Vorstellung von dem Recht, das die moderne westliche Rechtswissenschaft mit Eigentum bezeichnet[378]. In diesen Gesellschaften fehlen die technischen Termini für das Eigentum[379] im Unterschied zu anderen Sachenrechten. Man begnügt sich damit, die jeweilige Sache zu nennen.

Wenn auch im chinesischen traditionellen Recht primitive Vorstellungen in Resten vorhanden sind, kann doch die Epoche um 1900 auf bereits seit langer Zeit bestehende konkrete Eigentumsvorstellungen und -bezeichnungen zurückblicken[380]. Der Begriff des Eigentums ist deutlich abgegrenzt[381].

Mit der in diesem Abschnitt verwandten Bezeichnung „Familienvermögen" soll noch nicht entschieden sein, daß es sich um ein Miteigentum der Familienmitglieder handelt. Die Interpretation chinesischen Rechts läßt vielmehr drei verschiedene Hypothesen über den Inhaber des Familienvermögens zu:

1. alleiniges Eigentum des Familiengründers auch über seinen Tod hinaus,
2. gemeinsames Eigentum des Familienchefs und seiner Söhne,
3. alleiniges Eigentum des Familienchefs während dessen Lebzeiten, gemeinsames Eigentum der Söhne nach dessen Tod.

Die erste Ansicht würde es ausschließen, von Erbfolge zu sprechen. Der Tod des Familiengründers könnte keinen Erbfall auslösen, sondern wäre nur eine Bedingung, die die Teilung des Familienvermögens zulässig macht. Ein Eigentumsübergang würde nicht schon durch den Erbfall von Todes wegen, sondern erst durch die Teilung durch die Söhne eintreten. Falls nicht geteilt wird, wäre die Rechtspersönlichkeit des Familiengründers vermögensrechtlich als fortbestehend anzusehen. In den partikulären Gewohnheitsrechten von Taiwan und Hongkong sind Stellen zu finden, die darauf hinweisen könnten, daß der Familiengründer oder -ahn auch nach seinem Tode als Eigentümer angesehen wird:

---

[378] WESTRUP, Introduction to Early Roman Law, Bd. II Part. 1, Sect. II, S. 157ff.; E. F. BRUCK, Totenteil und Seelgerät im griechischen Recht, S. 67.

[379] KASER, Eigentum und Besitz im älteren römischen Recht, Köln 1956, S. 6.

[380] In China besteht für vom Eigentum getrennte Sachenrechte wie Pfandrecht an beweglichen Sachen und Hypotheken eine lange Tradition.

[381] Vgl. schon für die frühe chinesische Geschichte Wolfgang BAUER, Die Frühgeschichte des Eigentums in China, in: ZvglRW. 63. Bd. (1961), S. 118—184.

Der Name des Toten wird dort zur Bezeichnung von Familienvermögen, insbesondere Grundstücken, aber auch Vieh, benutzt[382].

Es war aber um die Wende des 19. Jahrhunderts auch häufig und rechtlich zulässig, in diesen Gebieten im Namen der Nachkommen zu verwalten. In dieser Zeit ist der Name des Familienahns, wenn er gebraucht wird, nur noch eine pietätvolle Bezeichnung für ein Vermögen, das in Wirklichkeit den Nachkommen gehört[383].

Ein Fortbestand der Rechtsperson des Familienahns über seinen Tod hinaus folgt auch nicht aus den Vorschriften der Ahnenverehrung, jedenfalls nicht in vermögensrechtlicher Hinsicht.

Die zweite oben genannte Auffassung, wonach der Familienchef und seine Söhne gemeinsames Eigentum haben, wird von vielen Autoren für verschiedene Zeiträume, oft ohne genaue Kennzeichnung der Periode befürwortet. Tatsächlich finden sich sowohl in China als auch rechtsvergleichend in anderen Gesellschaften viele Belege, die diese Ansicht zu unterstützen scheinen.

Sicher ist, daß in der patriarchalischen Gesellschaft Chinas nicht von einem gemeinsamen Eigentum aller Familienmitglieder gesprochen werden kann. Soweit Männer in der Familie leben, haben Frauen grundsätzlich keine Eigentumsrechte am Familienvermögen, sondern nur vorübergehende Verwaltungsrechte[384].

Die rechtshistorische Studie von Wolfgang Bauer[385] läßt keine Schlußfolgerungen für die Zeit um 1900 zu, da sie nur die Zeit vor dem 3. vorchristlichen Jahrhundert behandelt. Es genügt auch nicht, die aus der T'ang-Dynastie (618—907) herrührende gesetzliche Bestimmung „Zusammenwohnen — gemeinsames Eigentum“ zu zitieren[386].

Da die Teilung grundsätzlich erst nach dem Tode des Familienchefs gestattet ist[387], wird auch erst dann das „Zusammenwohnen“ zum Problem. Der zitierte Rechtssatz gilt deshalb möglicherweise nur für die Zeit nach Tod des Familienchefs für die zusammenlebenden Deszendenten und entscheidet nicht die Frage, wer vor dem Erbfall Eigentümer ist.

Wenn wir uns in der neueren chinesischen Rechtsgeschichte den Gesetzesbestimmungen über Diebstahl zuwenden, stellen wir fest, daß

---

[382] Häufig in Taiwan (TS., S. 559, 591) und in Hongkong („Tong names“) 6 Hong Kong Law Reports p. 43; und 5 H. K. L. R. p. 123; Sessional Papers Hong Kong (1900) S. 267.

[383] TS., S. 559 mit drei Gesetzesbestimmungen als Beleg.

[384] Siehe unten S. 80.

[385] Die Frühgeschichte des Eigentums in China, ZvglRW. (1961), S. 167.

[386] Chinesisch: 同居同财 t'ung chü t'ung ts'ai Niida, Chukoku hōsei shi, S. 223 und Tai Yen-hui, aaO., S. 31. Siehe auch TS., S. 554.

[387] Siehe vorn S. 58.

der Diebstahl des Sohnes vom Vater nicht unter Strafe gestellt war[388]. Daraus ein Miteigentum der Söhne abzuleiten, hieße aber den Zusammenhang dieser Strafausschließung zu verkennen. Auch für Personen, die zweifellos nicht Miteigentümer des Familieneigentums sind, greifen nämlich genau abgestufte Strafmilderungen Platz. Die Strafe wurde gemildert, um die Harmonie und Solidarität der Familie zu stärken[389], und war eine Entsprechung zum Klageverbot des Deszendenten gegenüber Aszendenten[390]. Der Deszendent, der für das Familienvermögen arbeitet und Rechte auf Unterhalt hat, soll weniger schwer bestraft werden. Das Privileg des Sohnes, nicht für Diebstahl innerhalb der Familie verurteilt zu werden, ist nur eine Steigerung eines familienrechtlichen Vorzugs, der sich auf alle Verwandten erstreckt. Familienrechtliche Strafmilderung und -ausschluß reichen nicht aus, um hier sachenrechtliches Miteigentum zu begründen.

Die Beschränkungen, denen ein Testator in China seit altersher unterworfen ist und die ihm grundsätzlich verbieten, gesetzliche Erben zu übergehen[391], führen JAMIESON dazu, den Familienchef nur als „nominellen Eigentümer“[392] anzusehen und den Nachkommen quasi ein „Anwartschaftsrecht“[393] zuzusprechen. Nach richtiger Meinung reicht aber die Beschränkung der Testierfreiheit nicht aus, um „Anwartschaften“ der Erben oder sogar Miteigentum anzunehmen. Das Eigentum des Erblassers steht vielmehr nach chinesischer traditioneller Auffassung unter einer starken Bindung an die Sittlichkeit[394]. Im traditionellen China fehlen zwar komplizierte Institute wie das Pflichtteilsrecht. Jedoch verpflichtet die Sittlichkeit den Erblasser, die nächsten Verwandten zu bedenken.

Der Brauch aus Teilen Nordchinas, in denen in moderner Zeit beim Landverkauf Söhne die Urkunde auf Wunsch des Käufers mitunterzeichneten[395], kann als Beweissicherung erklärt werden und genügt nicht zur Annahme von Miteigentum.

---

388 McALEAVY, aaO., S. 544; BOULAIS, aaO., S. 517 ff.

389 CH'Ü T'ung-tsu, aaO., S. 68.

390 EITEL, aaO., S. 153.

391 Siehe unten Abschnitt 4.4.1.4, S. 98.

392 aaO., S. 201 (Juristisch gesehen also doch ein Eigentümer?).

393 Bei JAMIESON: „expectant interest“; TS., S. 551 gibt als chinesische Ausdrücke für Anwartschaft 所應有者 so ying yu che, oder 應有財物 ying yu ts'ai wu. Die Konstruktion einer „Anwartschaft“ ist hier in Übereinstimmung mit TS. (loc. cit.) als überflüssig abzulehnen, da sie nur dazu dienen soll, den Erbübergang ohne Erbantritt zu erklären.

394 KASER, Römisches Privatrecht, Studienbuch, S. 226 bezieht sich auf eine ähnliche Bindung an die Sitte für die römische patria potestas.

395 McALEAVY, aaO., S. 544.

Nach dem TS. handelt es sich übrigens dabei weder um gemeines chinesisches noch um südostchinesisches Recht.

Das bisher bekannte Material reicht daher nicht aus, um die Auffassung vom Miteigentum des Familienchefs und seiner Söhne zu begründen.

Das TS. folgt einer anderen, der obengenannten dritten Hypothese. Die japanische Untersuchungskommission, die die Quelle zusammenstellte, wurde durch das in Taiwan gefundene Material bewogen, Alleineigentum des Familienchefs vor dessen Tod, gemeinsames Eigentum der Erben nach dessen Tod anzunehmen[396]. Da das TS. diese Frage eingehend, wenn auch nicht mit großer Klarheit behandelt, könnte man sich an dieser Stelle ohne weiteres der dritten Ansicht anschließen. Das gilt umso mehr, als auch das vom Verfasser in Hongkong durchgesehene umfangreiche Aktenmaterial der britischen Verwaltung zum Grundstücksverkehr in den fast ausschließlich von Chinesen bewohnten New Territories von Hongkong dasselbe Ergebnis wie die taiwanesische Quellensammlung ergibt. Dieser Ansicht vom Alleineigentum des Familienchefs schließt sich auch TAI Yen-hui an[397].

Jedoch bringt McALEAVY Bedenken gegen die vom TS. vertretene Ansicht vor. Er vertritt die zweite These (Miteigentum) und gründet sich dabei neben wenig bestimmten Behauptungen[398] auf den oben abgelehnten, nicht sehr überzeugenden Beleg aus Nordchina[399].

Um Argumente zu finden, die über das Material des TS. hinausgehen und um so für den Gegensatz zwischen zweiter und dritter These eine Lösung zu empfehlen, gehe ich an dieser Stelle ausnahmsweise zu einer kurzen rechtsvergleichenden Betrachtung verschiedener älterer Rechte über. Für andere Rechte mit ähnlichen sozialen Verhältnissen ist möglicherweise diese Frage geklärt worden, und hier könnte eine entsprechende Lösung angebracht sein.

Für das Hindurecht spricht MAINE ohne nähere zeitliche oder örtliche Spezifizierung von Miteigentum der Söhne[400]. Das von ihm

---

396 TS., S. 549—60. Ebenso SHIGA, nach McALEAVY, aaO., S. 544, Fußnote 2; ebenso BOULAIS, aaO., S. 198, 199. Im Ergebnis ebenso, wenn auch nicht ausdrücklich, ALABASTER, aaO., S. 191f., 194f.; EITEL, aaO., S. 150—155, insbesondere S. 152.

397 „Geschichte des Personenrechts Chinas", Taipei 1959, S. 104.

398 Wenn McALEAVY, aaO., S. 544, davon spricht, daß „. . . the evidence from the dynastic codes which . . . referred in what seem unmistakable terms to the existence of co-ownership between a father and his sons . . ." bleibt zu wünschen, daß er diese Stellen vorlegt, da meine Übersetzungen solche „unmißverständlichen Worte" nicht ergeben. Die von ihm zitierte Fundstelle des Taiwan Shiho lehnt gerade das Miteigentum ab.

399 Siehe Anm. 395.

400 aaO., S. 198, S. 228; WESTRUP, aaO., S. 34 gibt eine Darstellung des Hindurechts, die mehr dem traditionellen chinesischen System ähnelt.

beschriebene System ist aber insofern dem chinesischen traditionellen Recht unähnlich und deshalb für analoge Lösungen hier unbrauchbar, als nach dem Hindurecht der volljährige Sohn auch ohne Zustimmung des Vaters Vermögensteilung erzwingen kann.

Im germanischen Recht gab es in alter Zeit ein Miteigentum der Söhne[401]. Dieses löste sich zu einem „Warterecht" (Anwartschaft) auf[402]. Der Hausvater war danach Eigentümer; aber die Hausgenossen hatten ein „Beispruchsrecht", d. h. Grundbesitz durfte vom Hausvater nur veräußert werden, wenn sie zustimmten[403].

Möglicherweise hat sich im chinesischen Recht eine ähnliche rechtsgeschichtliche Entwicklung vollzogen, deren Überreste in dem gerade erwähnten nordchinesischen Brauch zu sehen sind, bei dem Söhne dem Landverkauf ihres Vaters zustimmen müssen. In einer abgeschwächten Form ist ein Wartrecht in den Urkunden zum Grundstücksverkehr in den ländlichen Bezirken Hongkongs zu finden. In formalisierten Wendungen wird dort in Urkunden bei Grundstücksübertragung festgestellt, daß der „Verkauf aus Not erfolge" und das Grundstück vorher vergeblich den Verwandten zum Kauf angeboten worden sei[404]. Diese Floskeln waren jedoch mindestens seit dem Ende der Mandschuzeit auch in Hongkong zu rechtlicher Bedeutungslosigkeit abgesunken.

Für das chinesische traditionelle Recht am Ende des 19. Jahrhunderts kann deshalb nicht mehr von einem rechtlich wirksamen Wartrecht gesprochen werden.

Besonders stark nähert sich der Hausverband des altrömischen Rechts[405] der chinesischen Familie. Den Hausgenossen sind nach altrömischem Recht Mitgliedschaftsrechte[406] am Hausgut zugesprochen worden, die von der Hausgewalt des paterfamilias während dessen Lebzeiten verdrängt werden[407]. Der paterfamilias verfügte allein über das

---

[401] KIPP-COING, Erbrecht, 11. Bearbeitung (1960), S. 7; WESTRUP, aaO., S. 31 und 34 mit vielen Einzelheiten.

[402] H. CONRAD, Deutsche Rechtsgeschichte, 2. Aufl., Bd. I, 1962, S. 41.

[403] H. CONRAD, Deutsche Rechtsgeschichte, 2. Aufl., Bd. I, 1962, S. 417.

[404] O. FRANKE, Die Rechtsverhältnisse am Grundeigentum in China, 1903, S. 51, gibt ähnliche Beobachtungen wieder, so auch BETZ, aaO., S. 357 und KROKER, ZvglRW. (1960), S. 21, mit etwas anderer Begründung; „ . . . ein Tribut an die öffentliche Meinung, die den Verkauf ererbter Liegenschaften in die Nähe der Pietätlosigkeit gegenüber den Ahnen zu rücken scheint". Siehe dort auch S. 23 Anm. 103.
Ähnliche Formen im germanischen Recht, BRUNNER-HEYMANN, aaO., S. 241.

[405] KASER, Eigentum und Besitz im älteren römischen Recht, S. 3; ders., Römisches Privatrecht, Studienbuch, S. 2. Für Miteigentum der Kinder, dort S. 228; KIPP-COING, aaO. S. 4; STAUDINGER-BOEHMER, BGB., Einl. v. § 1922, § 14, Anm. 1.

[406] WIEACKER, Hausgenossenschaft und Erbeinsetzung, S. 6.

[407] KASER, Eigentum und Besitz im älteren römischen Recht, S. 5.

Hausgut kraft seines umfassenden Herrschaftsrechts. Er war jedoch nicht Alleineigentümer, sondern nur Verwalter[408]. Bei seinem Tod trat keine Erbfolge ein, sondern die schon vorher bestehenden Mitgliedschaftsrechte der Hausgenossen wurden nur von der Hemmung durch die väterliche Verwaltungsbefugnis befreit.

In späteren Epochen der römischen Rechtsgeschichte zerbrach diese Auffassung gemeinschaftlichen Vermögens unter individualistischen Einflüssen, und der Hausvater wurde nunmehr als alleiniger Eigentümer des Hausgutes angesehen[409]. Das mitgliedschaftliche Genossenrecht verwandelte sich in ein Vermögenserbrecht[410].

Ähnliche Entwicklungen von dem Eigentum des Hausverbandes zum Alleineigentum des Hausherrn sind, wenn auch die Wege im einzelnen voneinander abwichen, mit umfangreichem Material von WESTRUP für verschiedene Gesellschaften belegt worden[411]. Es liegt nahe, den Streit für das chinesische Recht zwischen gemeinschaftlichem und Alleineigentum (Thesen 2 bzw. 3) ebenso rechtshistorisch zu lösen.

Den von McALEAVY zum TS. vorgebrachten Bedenken ist damit Rechnung getragen. Das von ihm bezogene, aus Nordchina stammende Material gibt einen älteren Rechtszustand wieder, dessen Überreste es darstellt. Am Ende des 19. Jahrhunderts waren jedoch diese alten chinesischen Rechtsvorstellungen in den meisten anderen Teilen Chinas bereits untergegangen.

Am Familienvermögen hat im Laufe der chinesischen Geschichte sowohl gemeinschaftliches als auch Alleineigentum bestanden. Auch in China brachte die ständige vom Hausherrn geübte Verfügungsgewalt ihm schließlich die Anerkennung als Alleineigentümer. Falls einmal Miteigentum der Söhne bestanden hat, ist es untergegangen in dem Konflikt zwischen den Eigentümerrechten und der Gehorsamspflicht als Sohn (Chinesisch: Hsiao, „kindliche Pietät"). Der erstarkende Konfuzianismus hat die Anerkennung des Vaters als Alleineigentümers gefördert. Für die hier behandelte Epoche des Endes der Mandschu-Dynastie (um 1900) ist der Familienchef entsprechend der vom TS. vertretenen Ansicht als Alleineigentümer anzusehen.

Es ist überflüssig, für die hier behandelte Epoche von „Mitgliedschaftsrechten der Nachkommen", von „Anwartschaften", von einer bisher ruhenden Berechtigung, die beim Tod des Familienchefs zur „Vollgewalt erstarkt"[412] zu sprechen. Die Lösung des chinesischen

---

[408] WESTRUP, aaO., S. 28; KIPP-COING, aaO., S. 4.

[409] STAUDINGER-BOEHMER, BGB., Einl. vor § 1922, § 14 Anm. 1; WESTRUP, aaO., S. 38.

[410] WIEACKER, Hausgenossenschaft und Erbeinsetzung, S. 6.

[411] aaO., S. 37ff.

[412] KASER, Eigentum und Besitz im älteren römischen Recht, S. 5. H. CONRAD, Deutsche Rechtsgeschichte, 2. Aufl., Bd. I, S. 41.

Rechts ist vielmehr eindeutig: Der Tod des Familienchefs führt den Erbfall herbei, das Vermögen des Familienchefs geht auf die Erben über.

Das Eigentumsrecht des Familienchefs am Familienvermögen ergänzt sich harmonisch mit seiner personenrechtlichen Herrschaft. Da wir die Entstehung des Familienvermögens aus den in seiner Person vereinten Funktionen erklärten, fügt sich das Ergebnis einleuchtend in die vorangegangenen Ausführungen[413].

In der Person des Familienchefs vereinigt sich das Eigentum am Familienvermögen mit dem außerdem in seinem Eigentum befindlichen Privatvermögen[414]. An den vereinigten Vermögensmassen hat der Familienchef Volleigentum. Er kann es auch für seine privaten Bedürfnisse verwenden. Er kann darüber nach seinem Willen verfügen, es verwalten und nutznießen[415], ohne der Zustimmung der Familienmitglieder zu bedürfen[416], ja, er kann es sogar verschleudern[417]. Allerdings schützt die Kontrolle des Clans in einem gewissen Maße vor der Willkür des Familienchefs. Wenn dieser auch nicht mit dinglicher Wirkung in seiner Verfügungsmacht beschränkt ist, unterliegt er doch in seiner Beziehung zur Familie bestimmten Verpflichtungen. Die Pflicht, der Familie das Vermögen zu erhalten, stellt gewisse Schranken für seine Verfügungen auf.

Der Familienchef verfügt im eigenen Namen über das Familienvermögen, ohne daß andere Familienmitglieder unterzeichnen[418].

Nachteilig für die Familienmitglieder ist, daß das Familienvermögen für alle Schulden des Familienchefs haftet, auch für solche, die er für private Zwecke eingegangen ist[419]. Auch bei Vermögenskonfiskation im Rahmen einer Strafvollstreckung gegen den Familienchef steht das gesamte Familienvermögen dem Zugriff des Staates offen[420].

4.4.1.3 Gesetzliche Erbfolge in das Familienvermögen

4.4.1.3.1 Erbfall und Erbenhaftung

Während zu Lebzeiten des Familienchefs sämtliches Vermögen mit geringen Ausnahmen in seiner Hand ruht, geht im Zeitpunkt des Todes des Familienchefs, dem „Erbfall", das Familienvermögen als Ganzes

---

[413] Siehe oben S. 56f.

[414] TS., S. 593, 1.

[415] TS., S. 550, 557.

[416] Andererseits bedürfen die Familienmitglieder der Zustimmung des Familienchefs für alle Verfügungen über Familienvermögen, S. 58.

[417] 16 H. K. L. R., p. 439; Jamieson, aaO., S. 204.

[418] TS., S. 553.

[419] Beispiel S. 68.

[420] TS., S. 558.

ipso iure kraft Anfalls auf den Alleinerben oder die Gemeinschaft der Erben über. Eine Akquisition der Erbschaft durch Willenserklärung der Erben ist nach chinesischer Auffassung nicht nötig. Eine Ausschlagung der Erbschaft ist grundsätzlich unmöglich[421]. Ein Erbe kann ausnahmsweise, was selten vorkommt, dann ausschlagen, wenn mehrere Erben vorhanden sind und außerdem der Nachlaß nicht überschuldet ist.

Die Erbengemeinschaft, die im Normalfall neuer Vermögensinhaber wird, tritt an den Platz des bisherigen Vermögensinhabers. Eine erhebliche Änderung im Charakter des Familienvermögens hat sich dadurch vollzogen. In der Sakralerbfolge sorgt beim Tod des Hausherrn das Prinzip der Primogenitur nicht nur für die Substitution der verstorbenen Statusperson, sondern sichert auch die Kontinuität, da die Lage, die vor dem Erbfall bestand, durch Eintritt des Erben vollkommen wiederhergestellt wird. Während so, um mit TOCQUEVILLE zu sprechen[422], „die Familie ihren Namen mit Hilfe des Erstgeburtsrechts verewigt", regiert bei Erbfolge mehrerer Erben im chinesischen Vermögenserbrecht nicht die Kontinuität, sondern es erfolgt eine „Umwälzung im Eigentum; das Vermögen wechselt nicht nur seinen Herrn, sondern gleichsam auch seine Natur"[423].

Die auf den Familienchef ausgerichtete Ordnung des Vermögens, von der wir ausgingen, ist zerbrochen. Wenn mehrere Personen erben können wie im chinesischen Vermögenserbrecht, ist die Kontinuität für das Familienvermögen notwendig gefährdet. Die Verwaltung des Vermögens verlangt nunmehr, daß verschiedene Personen zusammenwirken. Durch die Teilung kann das Familienvermögen zerstreut werden. Die umfassende Befehlsgewalt des Aszendenten ist nämlich mit dem Tod des Familienchefs entfallen. Die Grundpflicht der chinesischen traditionellen Gesellschaft, die „kindliche Pietät" (hsiao) eint nicht mehr das Familienvermögen unter der Kontrolle des Familienchefs. Der Eigentumsübergang im chinesischen Vermögenserbrecht setzt zentrifugale Kräfte frei. Die Neuverteilung der Rollen in der Familie trägt die Desorganisation in sich[424].

---

[421] Darüber ist man einig, TS., S. 590; OKAMATSU, aaO., S. XXV; BETZ, aaO., S. 372; SUEN, aaO., S. 93.

[422] Die Demokratie in Amerika, Hamburg 1956, S. 34.

[423] Dito.

[424] Nach der vorn S. 60 genannten ersten Ansicht würde mit dem Tod des jeweiligen Familienchefs kein Rechtsübergang erfolgen, da Inhaber des Vermögens der schon längst verstorbene Familiengründer bleibt.
Falls der Familienchef und seine Söhne gemeinsam Vermögensinhaber wären (These 2), würde ebenfalls kein Erbfall in der eben beschriebenen, umwälzenden Wirkung eintreten, sondern der Anteil des verstorbenen Familienchefs würde nur den Anteilen der anderen Familienmitglieder anwachsen.
Nach unserer Auffassung erhält jedoch das Familienvermögen mit dem Erbfall einen neuen Rechtsträger: die Gemeinschaft der Erben.

Allerdings hindert die „kindliche Pietät", die auch gegenüber weiblichen Aszendenten wirkt, daß die Familie sich auflöst, bevor die Hauptgattin des Familienchefs ebenfalls verstorben ist[425]. Auch nach Tod beider Aszendenten muß außerdem die gesetzliche Trauerzeit[426] abgelaufen sein, ehe schließlich das Familienvermögen geteilt werden kann.

So hat der Erbfall nach chinesischem traditionellen Recht zwei Wirkungen:

1. Das Familienvermögen geht auf die Erbengemeinschaft über.
2. Das Familienvermögen ändert seinen Charakter, es wird teilbar unter der Bedingung des Todes der Hauptgattin des Erblassers und nach Ablauf der Trauerzeit.

Die Konflikte, die sich in Gestalt der Interessen der Familie insgesamt, der einzelnen Erben und außenstehender Dritter abzuzeichnen beginnen, konzentrieren sich vor allem auf eine Frage: Entfallen mit der Person des Erblassers auch die durch ihn begründeten Leistungspflichten oder haftet nunmehr die Erbengemeinschaft?

Die Grundsatzentscheidung des chinesischen traditionellen Rechts ist eindeutig: die Erbengemeinschaft oder der Alleinerbe haften für die Schulden, die sich gegen das Familienvermögen richten[427].

Wofür haften die Erben? Hier gilt das Rechtssprichwort: „Der Vater schert sich nicht um die Schulden des Sohnes, der Sohn haftet für die Schulden des Vaters"[428]. Gibt es „private" Schulden des Erblassers, die er zur Ausstattung seiner privaten Wohnräume, für seine private Garderobe oder sogar im Spiel eingegangen ist, und sind die Erben von der Haftung für sie befreit, jedenfalls soweit sie über den Wert des Nachlasses hinausgehen?

Es widerspricht der Stellung des Verstorbenen als ehemaligen Familienchefs, seine Schulden nur zum Teil übergehen zu lassen. Wie oben beim Familienvermögen besprochen[429], ist der Familienchef nicht nur der Vertreter der Familienmitglieder für Angelegenheiten des Familienvermögens, sondern dieses Vermögen wird sein unbeschränktes „privates" Eigentum. Privates und Familienvermögen vereinigen sich in der Autoritätsperson des Familienchefs. In seinen „privaten" Ausgaben wie sogar in seinen Delikten[430] verpflichtet der Familienchef das Familienvermögen. Alle diese Schulden gehen auf die Erben über.

---

[425] v. d. Valk, aaO., S. 346.

[426] Siehe Anm. 361.

[427] TS., S. 590; Alabaster, aaO., S. 56; Betz, aaO., S. 372; Jamieson, aaO., S. 203.

[428] Chinesisch: 子債父不知父債子還 tzu chai fu pu chih, fu chai tzu huan. TS., S. 590; Betz, aaO., S. 368 beschränkt irrtümlich entgegen meiner Quelle die Geltung dieses Rechtssprichwortes auf die Lebenszeit des Vaters.

[429] Abschnitt 4.4.1.2. S. 60.

[430] Siehe S. 66.

Auch in die familienrechtlichen Unterhaltspflichten des Erblassers treten die Erben ein. Sie müssen den Töchtern des Erblassers eine Mitgift geben und der Hauptfrau und den Konkubinen des Erblassers Unterhalt gewähren[431].

Nachdem festgestellt ist, daß die Erben für alle vermögensrechtlichen Verbindlichkeiten des Familienchefs haften, erhebt sich die Frage: Womit haften sie?

Grundsätzlich haften die Erben aus dem Gedanken der Nachfolge in die gesamten Rechtsbeziehungen des Erblassers auch mit ihrem Privatvermögen. Das ist aus dem sehr kurz gehaltenen Abschnitt des Taiwan Shihō zu dieser Frage zu entnehmen, wo es heißt[432]: „Die Deszendenten zahlen die Schulden der Aszendenten. Selbst wenn die Deszendenten kein Vermögen von ihren Vorfahren erben, können sie dieser Verpflichtung nicht ausweichen. In Taiwan gibt es kein System der Vermögenserbschaft, das ‚beschränkte Annahme' genannt werden könnte."

Die Erben haften nicht, weil sie ein Vermögen übernommen haben, sondern weil sie in die „Rechtsbeziehungen des Erblassers[433]" eintreten. Mit ihrem gegenwärtigen und zukünftigen Vermögen haften die Erben, auch wenn sie aus dem Erbfall kein Vermögen erhalten[434].

Diese Erbfolge kommt der römischen Universalsukzession sehr nahe. Das Familienvermögen zerfällt nicht in Sondervermögen, wie es im germanischen Recht bei Tod des Erblassers eintrat[435].

Die Quelle setzt für die unbeschränkte Haftung der Erben nicht voraus, daß bereits eine Auseinandersetzung erfolgt sei. Da im chinesischen traditionellen Recht die Auseinandersetzung oft um eine oder sogar mehrere Generationen hinausgeschoben wird, können die Erben vor Teilung keineswegs die Berichtigung von Schulden verweigern. Sonst wäre in vielen Fällen der Eintritt in die Rechtsstellung des Erblassers illusorisch.

---

431 Das ist ein Ersatz für den im chinesischen Recht fehlenden Pflichtteil der Ehegattin.

432 S. 590. Auch die Rechtsprechung des Obersten Gerichtshofs von China (Ta Li Yüan) hat an der unbeschränkten Haftung der Erben aus traditionellen Rechtsgedanken (Fortsetzung der Person des Vaters, kindliche Pietät) auch unter der Republik China festgehalten (Fundstelle bei Suen, aaO., S. 124). Zu demselben Ergebnis kommt Betz, aaO., S. 372 ohne nähere Quellenangabe.

433 Eitel, aaO., S. 152 für das chinesische traditionelle Recht.

434 TS., S. 590; v. d. Valk, aaO., S. 315.

435 Vgl. H. Conrad, Deutsche Rechtsgeschichte, 2. Auflage, Bd. I, 1962, S. 414. Die Sondervermögen, die es zweifellos auch im chinesischen traditionellen Recht in Gestalt von Ahnenvermögen und Privatvermögen gibt, entstehen nicht aus Anlaß des Erbfalles wie im germanischen Recht; sie sind ihrem Wesen nach getrenntes Vermögen mit besonderen Zwecken, das nicht notwendig dem Familienchef gehört.

Die Haftung mit dem Privatvermögen hatte jedoch deshalb im traditionellen China geringe Bedeutung, weil das Privatvermögen, wie oben bemerkt[436], nur eine sehr unbedeutende Rolle spielte.

Allerdings nennt die Quelle eine Ausnahme nach taiwanesischem Gewohnheitsrecht, wonach die Erben mit Zustimmung der Gläubiger ihre Haftung gemäß der Methode „Hinaus damit und Tür zu"[437] beschränken können. Dabei handelt es sich um ein nicht auf das Erbrecht beschränktes Rechtsinstitut, das immer dann angewandt werden kann, wenn ein Vermögen für eine Schuld haftet, die den Vermögenswert übersteigt[438]. Im Erbrecht geben die Erben den gesamten Nachlaß den Gläubigern zu Befriedigung frei. Die Schuld gilt schon zu diesem Zeitpunkt in voller Höhe, auch über den Wert des zur Verfügung gestellten Vermögens hinaus, als erloschen.

Diese Methode ist auch nach Auseinandersetzung jedem Erben mit seinem Erbteil möglich. Da jedoch Zustimmung der Gläubiger nötig ist, verliert diese Haftungsbeschränkung für den wesentlichen Fall der Nachlaßüberschuldung ihre Bedeutung.

Die von Sozialforschern festgestellte tiefe Verschuldung der chinesischen Bauernfamilien bis in unser Jahrhundert erklärt sich auf dem Hintergrund dieser strengen, persönlichen Haftung für Erblasserschulden.

Wie haften die Erben? Das Material des Taiwan Shihō klärt nicht eindeutig die Frage, ob nach chinesischem traditionellen Recht die Erben vor Auseinandersetzung gesamtschuldnerisch haften. An dieser Stelle greife ich auf Rechtsprechung des Obersten Gerichtshofs der Republik China[439] zurück. Obwohl in diesen Urteilen oft bereits westliche Einflüsse hervortreten, hat sich in dieser Teilfrage anscheinend traditionelles Recht erhalten. Nach dieser Rechtssprechung können „Schulden des Erblassers in voller Höhe von einem Erben vor Auseinandersetzung verlangt werden"[440].

Auch Betz[441] nimmt ohne nähere Quellenangabe oder weitere Ausführungen gesamtschuldnerische Haftung an.

Da der Gedanke des Zusammenwirkens der Erben vorherrscht, geht das chinesische Recht wahrscheinlich davon aus, daß ein Gläubiger sich im allgemeinen nicht an einen beliebigen Erben wendet, sondern an die Miterbengemeinschaft oder deren Vertreter[442] und dort die

---

[436] S. 56, ebenso v. d. Valk, aaO., S. 315.

[437] Dieses taiwanesische Sprichwort heißt auf Chinesisch: 關門出 kuan men ch'u. TS., S. 590.

[438] TS., S. 590.

[439] Ta Li Yüan.

[440] Arrêt 9 c. chan, an III recueil officiel, zitiert nach Suen, aaO., S. 123.

[441] aaO., S. 372.

[442] Siehe unten S. 85. So auch in allgemeinerer Fassung Betz, aaO., S. 368.

Schuldtilgung in voller Höhe fordert. Es wäre sogar mit dem System des chinesischen traditionellen Erbrechts vereinbar, ohne daß die weiteren Ausführungen darauf gestützt werden sollen, den Vertreter der Erbengemeinschaft nach außen in voller Höhe, andere Miterben nach außen nur in Höhe ihrer Anteile haften zu lassen.

Im chinesischen Vermögenserbrecht ist der Ort des Erbfalls, der den Gerichtsstand bestimmt, nicht so eindeutig festgelegt wie im Sakralerbrecht. Dort ist er grundsätzlich identisch mit dem Familienursprungsort. Im Vermögenserbrecht ist aber nicht wie in der Ahnenverehrung die Kontinuität des Familiensitzes als religiöse Regel zu wahren, sondern hier bieten sich verschiedene der jeweiligen Natur der Vermögensgegenstände angemessene Lösungen: der Ort des Erbfalls kann der Ort der Belegenheit der Sache oder des Wohnsitzes des Erblassers sein.

4.4.1.3.2 Die Erben

Für die Bestimmung der Erben können im Vermögenserbrecht nicht unmittelbar die Prinzipien der Sakralerbfolge herangezogen werden.

Wie gezeigt[443], liegen beiden Normengruppen unterschiedliche soziale Funktionen und Interessen zugrunde.

Das Prinzip der männlichen Nachfolge gilt im Vermögenserbrecht nur bedingt[444]. Wenn Männer am Leben sind, erben nur diese. Fehlen sie, können auch Frauen erben.

Die Prinzipien der Nachfolge eines einzigen und des ältesten Sohnes der Hauptfrau gelten nicht. Im Vermögenserbrecht gibt es mehrere Erben[445].

Der Vorrang von Linien wie im Sakralerbrecht[446] besteht im Vermögenserbrecht nicht. Hier haben alle Linien das gleiche Recht. Im Vermögenserbrecht herrscht grundsätzlich nicht Privileg, sondern Gleichheit.

Der Ch'ing-Codex spricht in dem Abschnitt, der das Vermögenserbrecht betrifft (Kapitel 87 und 88), von mehreren Erben:

---

443 S. 32.

444 S. 72.

445 Die falsche Ansicht von E. Gans, Das Erbrecht in weltgeschichtlicher Entwicklung, Bd. I, Berlin 1824, S. 117, wonach der älteste Sohn allein Erbe und die anderen Söhne nur „Legatare" seien, „die ihre Erbportion vom ältesten Sohn zu fordern haben", beruht auf der bei ihm fehlenden Trennung von Sakral- und Vermögenserbfolge, sowie auf seinen — wie von ihm selbst zugegeben — unzureichenden Quellen. Gans, aaO., S. 121f. nimmt ebenfalls zu Unrecht eine Beschränkung der Erbfolge auf die Deszendenten im 4. Grad einschließlich an. Dafür gibt er jedoch keinen Beleg, und seine Ansicht beruht wohl auf einem Mißverständnis von Stauntons Ausführungen, aaO. S. 526, I. Abschnitt.

446 Abschnitt 4.3.3, Prinzip D, S. 39.

„Bei der Teilung des Familienvermögens macht es keinen Unterschied, ob die Söhne von der Hauptfrau, der Konkubine oder von Sklavinnen geboren sind; alle erhalten gleiche Anteile.

Ein unehelicher Sohn erhält einen halben Anteil. Wenn er der einzige Sohn ist und ein anderer zur Fortsetzung der Familie als Erbe berufen wird, erhält er mit diesem den gleichen Anteil. Wenn kein anderer die Familie fortsetzt, erhält der uneheliche Sohn das gesamte Erbe.

Wenn die Familie erloschen ist und Erben für das Vermögen im Clan fehlen, sollen es die blutsverwandten Töchter erben. Wenn keine vorhanden sind, wird mit einem detaillierten Bericht des örtlich zuständigen Beamten zur vorgesetzten Behörde das Vermögen auf den Staat übertragen“[447].

Diese Gesetzesstelle enthält einige der wichtigsten Grundsätze des chinesischen traditionellen Vermögenserbrechts.

Die Erbfolge beginnt mit dem Tod des Erblassers. Erst dann ist nach der oben genannten Gesetzesstelle[448] die Teilung des Familienvermögens gestattet, von der das Gesetz hier spricht.

Es erben folgende Klassen:

1. die leiblichen Söhne und die Adoptivsöhne sowie ihre Nachkommen,
2. andere Erben aus dem Clan,
3. die Töchter.

Da im Vermögenserbrecht anders als im Sakralerbrecht mehrere Personen erben können, ist es möglich, daß leibliche Söhne und Adoptivsöhne zusammen erben. Andere Erben aus dem Clan und Töchter haben gemäß der zitierten Gesetzesstelle nur dann ein Erbrecht, wenn leibliche und Adoptivsöhne fehlen.

1. a) Leibliche Söhne

Die Söhne der Hauptfrau, der Konkubinen und der Sklavinnen haben gleiches Recht. Wie im Sakralerbrecht ist die hohe Rangstellung der Sklavinnensöhne bemerkenswert[449], die zu Spekulationen über das Fehlen von Klassen in China verleiten könnte. Die illegitimen Söhne haben weitergehende Recht als im Sakralerbrecht. Die zitierte Gesetzesstelle erkennt ihr Erbrecht gegenüber dem Vater an[450]. Ein Sohn, der beim Tod des Erblassers noch nicht geboren, aber schon empfangen war (nasciturus), ist den bereits geborenen Söhnen gleichgestellt[451].

---

[447] Li 1, Kapitel 88. Chinesischer Text und von der obigen Übersetzung etwas abweichende Übertragung bei Boulais, aaO., S. 199; Jamieson, aaO., S. 197; O. Franke, Die Rechtsverhältnisse am Grundeigentum in China, S. 46f.

[448] Anm. 359.

[449] Vgl. S. 40f.

[450] Anders § 1705 deutsches BGB. Gleiches Erbrecht halbbürtiger Geschwister und unehelicher Kinder auch im modernen chinesischen Zivilgesetzbuch, Bünger, Chin. BGB., S. 91.

[451] Chinesisch: 遺腹子 i fu tzu, Tai Yen-hui, aaO., S. 72.

Bei Auseinandersetzung vor seiner Geburt wird ein Anteil für ihn reserviert.

1. b) Adoptivsöhne

Ebenso wie bei der Nachfolge in die Ahnenverehrung hat im Vermögenserbrecht der Legaladoptivsohn den gleichen Rang wie ein leiblicher Sohn[452]; er erbt neben dem leiblichen Sohn, falls ein solcher vorhanden ist. Sind keine leiblichen Söhne vorhanden, oder werden sie nicht durch ihre Nachkommen vertreten[453], erbt der Legaladoptivsohn das gesamte Vermögen.

Von dem Legaladoptivsohn spricht das Gesetz in dem Abschnitt über Vermögenserbrecht, wenn es dort heißt: „... und ein anderer zur Fortsetzung der Familie als Erbe berufen wird"[454]. Der Legaladoptivsohn kann die Familie fortsetzen. Da der Legaladoptivsohn die Familie seiner Geburt verlassen hat, erbt er dort nicht.

Für die Einsetzung des Legaladoptivsohns gelten die im Sakralerbrecht besprochenen Grundsätze[455]. Insofern bestehen gleiche Normen für Sakral- und Vermögenserbrecht. Eine dem leiblichen Sohn gleichrangige Stellung kann nur unter den strengen Voraussetzungen der Legaladoption erworben werden. Die Generationenordnung ist ein Prinzip, das gleichermaßen im Sakral- und Vermögenserbrecht im traditionellen China gilt. Es ist ein allgemein gültiges Ordnungsprinzip der chinesischen traditionellen Familie.

Wird nach Einsetzung des Legaladoptivsohns dem Erblasser ein ehelicher Sohn geboren, dann erbt jeder zur Hälfte[456] oder das Adoptionsverhältnis wird gekündigt[457]. Bei Erlöschen des Adoptionsverhältnisses[458] kann der Adoptivsohn kein Vermögen aus der Adoptivfamilie mitnehmen[459].

Adoptivsöhne „aus Wohltätigkeit", die Clanfremde und Träger eines anderen Familiennamens sind, erben nach dem strengen klassischen System nicht[460]. Das ergibt die Gesetzesstelle[461] eindeutig, die von „Clanangehörigen"[462] spricht. In Widerspruch dazu will Boulais an

---

[452] Keine Gleichstellung mehr im modernen chinesischen Zivilgesetzbuch § 1142; Bünger, Chin. BGB., S. 91.

[453] Siehe S. 75.

[454] Ebenso O. Franke, Die Rechtsverhältnisse am Grundeigentum in China, S. 47.

[455] Abschnitt 4.3.4.1, S. 43 ff.

[456] TS., S. 565.

[457] S. 49.

[458] S. 49.

[459] Tai Yen-hui, aaO., S. 79.

[460] Chinesisch: 義子 i tzu, siehe S. 43. So auch Boulais, aaO., S. 187.

[461] S. 71 f.

[462] Chinesisch: 同宗 t'ung tsung.

anderer Stelle[463] ihnen einen halben Erbanteil zugestehen. Die Gesetzesstelle, auf die er sich dabei beruft, stellt aber nicht klar, daß es sich um einen Erbanteil handelt. Vielmehr ist nach dem dortigen Wortlaut und dem dargestellten Prinzip der Adoption „aus Wohltätigkeit" anzunehmen, daß nur eine Zuwendung unter Lebenden vorliegt[464].

Da in Taiwan das Gewohnheitsrecht in der Ahnenverehrung und damit auch in der Adoption vom klassischen, im Gesetz begründeten System stark abweicht, wird dort kein Unterschied im Vermögenserbrecht von Legaladoptivsohn und Adoptivsohn „aus Wohltätigkeit" gemacht[465].

Für dieses Erbrecht der Adoptivsöhne „aus Wohltätigkeit" gilt das taiwanesische Rechtssprichwort:

„Für die Söhne der Hauptfrau	1 Anteil,
für die Söhne der Konkubine	$\frac{1}{2}$ Anteil,
für den Ming ling tzu	$\frac{1}{4}$ Anteil"[466],

wobei die Höhe der Anteile vorläufig dahingestellt sein soll[467].

Sowohl im gemeinen chinesischen wie im taiwanesischen Gewohnheitsrecht gibt es den sogenannten „eingeheirateten Schwiegersohn"[468], der hier im Anschluß an Bünger als „Adoptivschwiegersohn" bezeichnet wird[469]. Während im allgemeinen die Tochter bei der Heirat dem Gatten in seine Familie folgt, kommt hier ausnahmsweise der Gatte in die Familie der Tochter. Der Grund liegt oft darin, daß der Schwiegervater keine Söhne hat und vermögend ist. Zwar wird dieser Adoptivschwiegersohn nicht Nachfolger in die Ahnenverehrung[470];

---

463 aaO., S. 200, Ziff. 417, S. 201, Ziff. 421. Ebenso wahrscheinlich im Anschluß an Boulais, Betz, aaO., S. 372.

464 Diese Auslegung lassen auch die Ausführungen von Jamieson, aaO. S. 203 zu.

465 Tai Yen-hui, aaO., S. 77. Beispiel für Erbrecht des taiwanesischen Ming ling tzu 螟蛉子 in TS., Anhang, S. 349. Der Ming ling tzu ist ein Adoptivsohn „aus Wohltätigkeit" mit fremdem Familiennamen, Tai Yen-hui, aaO., S. 74.

466 TS., S. 566, zum Ming ling tzu siehe Anm. 465.

467 Siehe Abschnitt 4.4.1.3.4, S. 82.

468 Chinesisch: 招婿 chao hsü (Variante 招壻) TS., S. 566; Okamatsu, aaO., S. XII oder genannt 贅壻 chui hsü, Tai Yen-hui, aaO., S. 34, Betz nennt den chao hsü „eingeladenen Schwiegersohn", aaO., S. 372.
Fortgelten dieser Institution im modernen chinesischen BGB., § 1000, Bünger, Chin. BGB., S. 247.

469 Bünger, Chin. BGB. S. 77.

470 Ausdrückliche Gesetzesbestimmung, vgl. Boulais, aaO., S. 261, Ziff. 546. Richtig Betz, aaO., S. 369; Suen, aaO., S. 44. Wenn Bünger, Chin. BGB. S. 83 und Kirfel, Das Gewohnheitsrecht in China, S. 61 davon sprechen, daß die Institution des Adoptivschwiegersohns aus den Notwendigkeiten des Ahnenkults entstände, kann es sich dabei nur um vom Normalfall abweichendes partikuläres

aber falls im schriftlichen „Einladungs"-Vertrag festgelegt ist, daß der Adoptivschwiegersohn dem Schwiegervater in dessen Alter Unterhalt gewähren soll, dann erbt der Adoptivschwiegersohn zu gleichen Teilen neben dem einzusetzenden Legaladoptivsohn[471]. Somit kann unter bestimmten Voraussetzungen der Adoptivschwiegersohn Vermögenserbrecht haben[472].

In Taiwan erhält abweichend davon der Adoptivschwiegersohn nur sehr selten einen Erbanteil. Meist wird er unter Lebenden durch Zuwendung von Geld oder beweglichen Sachen abgefunden. So bekommt er gelegentlich einen Anteil am Zuwachs des Vermögens der ihn aufnehmenden Familie[473].

Mehrere der in der ersten Klasse genannten Söhne erben nebeneinander nach Köpfen.

1. c) Nachkommen von leiblichen und Adoptivsöhnen

Sind einer oder mehrere der Erben von dem Erbfall oder vor Teilung des Nachlasses verstorben, so werden sie im chinesischen traditionellen Recht im Sinne eines unbeschränkten Repräsentationsrechts („Eintrittsrecht"[474]) durch ihre Nachkommen vertreten[475]. Dies ähnelt der Erbfolge nach „Stämmen" im Sinne des § 1924 III des deutschen BGB. Im traditionellen China erhalten die Nachkommen den Anteil des verstorbenen Erben und teilen ihn sich[476].

Das Prinzip der Linien gilt auch im Vermögenserbrecht, wenn auch nicht mit dem Privileg der Hauptlinie, die im Sakralerbrecht festzustellen ist[477]. Im chinesischen traditionellen Vermögenserbrecht gilt reine Linealordnung: Enkel erben aufgrund ihre Repräsentationsrechts

---

Gewohnheitsrecht handeln, Okamatsu, aaO., S. XII. Für die Ahnenverehrung wird, wie beschrieben (oben S. 43ff.), im klassischen System vorrangig ein Angehöriger der gleichen Familie adoptiert. Erst wenn ein solcher fehlt, wird der Adoptivschwiegersohn unter Änderung seines Familiennamens zum Träger der Ahnenverehrung bestellt, Okamatsu, aaO., S. XII.

471 Gesetzesbestimmung, chinesischer Text bei Boulais aaO., S. 362, siehe auch S. 200, Ziff. 417. Ebenso Betz, aaO., S. 372. Vgl. auch Jamieson, aaO., S. 203: „a quasi adoption".

472 Ähnlich ist zu beurteilen der „eingeheiratete Gatte einer Witwe" (chinesisch: 招夫 chao fu, Okamatsu, aaO., S. XII), den man auch „Adoptivehemann" nennen könnte, und der als zweiter Gatte einer Witwe in eine Familie ähnlich wie ein Adoptivschwiegersohn aufgenommen wird. Bünger, Chin. BGB., S. 83 zieht keine deutliche Trennung zum Adoptivschwiegersohn.

473 TS., S. 566.

474 Palandt-Keidel, BGB., § 1924, Anm. 5.

475 TS., S. 571; Betz, aaO., S. 372; Suen, aaO., S. 33/34 für das traditionelle Recht.

476 Im römischen Recht wird dieselbe Erscheinung mit „successio in stirpes" bezeichnet. Erbfolge nach Stämmen und Repräsentationsrecht gilt auch im modernen chinesischen BGB. § 1139f., Bünger, Chin. BGB., S. 91.

477 S. 38.

neben Söhnen des Erblassers. Sie werden nicht durch deren größere Gradesnähe ausgeschlossen.

Auch wenn die Söhne des Erblassers in ungeteilter Erbengemeinschaft gelebt haben, wird nach ihrem Tod in der Generation der Enkel entsprechend der Linealordnung nicht nach Köpfen, sondern nach Stämmen geteilt.

Zur Verdeutlichung gibt die Quelle ein Beispiel[478]: Die Söhne B und C des A haben in ungeteilter Erbengemeinschaft gelebt. B hat einen einzigen unehelichen Sohn D, C hat zwei eheliche Söhne E und F. Nach Tod von B und C erhält D eine Hälfte und erhalten E und F zusammen die andere Hälfte des Nachlasses (keine Erbfolge nach Köpfen). Die Nachkommen erben den Anteil ihres Vaters und teilen ihn sich. Sie erben nicht direkt vom Großvater.

Für Taiwan enthält das TS. eine Ausnahme für den Fall, daß testamentarisch[479] vom Erblasser (Großvater) bestimmt wurde, daß an jeden Enkel ein gleicher Anteil gehen solle; denn in diesem Falle sei die Aufteilung nach Stämmen unbillig[480].

Zusammenfassend ergibt sich, daß im chinesischen traditionellen Vermögenserbrecht die Abkömmlinge des Erblassers bevorrechtigte Erben sind. Die leiblichen Söhne, die Legaladoptivsöhne und ihre Nachkommen bilden die erste Klasse der Erben. Unter ihnen herrscht Gleichheit, nicht Primogenitur wie im Sakralerbrecht. Linien werden unterschieden (Repräsentation), aber sind nicht untereinander bevorrechtigt.

2. Andere Erben aus dem Clan

Höchst unklar und der Interpretation bedürftig ist die Gesetzesstelle[481]:

„Wenn die Familie erloschen ist und Erben für das Vermögen im Clan fehlen, sollen es die blutsverwandten Töchter erben."

Das Gesetz gibt keine näheren Erläuterungen zur Frage, wann „Erben fehlen". Es wird hier versucht, unter Berücksichtigung höchst spärlicher Stellungnahmen des TS. und der Literatur aufgrund des Systems des chinesischen traditionellen Vermögenserbrechts eine selbständige Auslegung zu entwickeln.

Wenn die Erben der ersten Klasse, d. h. leibliche Söhne, Adoptivsöhne und deren Nachkommen fehlen, erhebt sich die Frage, ob andere männliche Clanmitglieder erben, oder ob die Familie als „erloschen" anzusehen und der Nachlaß den Töchtern zuzusprechen ist. Die Frage zielt darauf, ob vor den Töchtern als gesetzliche Erben die Aszenden-

---

[478] TS., S. 570, ein ähnliches Beispiel in TS. Anhang, S. 340.

[479] Dazu unten Abschnitt 4.4.1.4, S. 98ff.

[480] TS. Anhang, S. 342ff.

[481] Siehe S. 72.

ten des Erblassers und deren Nachkommen, d. h. alle Clanverwandten, in bestimmter Rangordnung erben, auch wenn sie nicht adoptiert sind.

O. FRANKE[482] bemerkt zum chinesischen traditionellen Vermögenserbrecht: „Der Übergang ... an eine nicht zur leiblichen oder adoptierten Nachkommenschaft gehörige Person ist also überhaupt nicht in Betracht gezogen."

Anders als im Sakralerbrecht ist eine Nachfolge durch Aszendenten im Vermögenserbrecht nicht durch zwingende religiöse Normen ausgeschlossen[483]. Tatsächlich liegt der Übergang von Familienvermögen an Aszendenten jedoch nach chinesischer Auffassung verhältnismäßig fern. Das Familienvermögen gehört dem Vater zu seinen Lebzeiten und der Sohn hat nach strengen Regeln, unter anderem aus Gründen der Ehrerbietung gegenüber dem Vater, keine Rechte am Familienvermögen.

In der Ordnung des vom gleichen „Urahn" abstammenden chinesischen Clans gibt es jedoch verschiedene, durch Aszendenten mit dem Erblasser verwandte Personen höherer oder niedriger Generation, die als Erben in Frage kommen könnten, wenn Nachkommen und Legaladoptivsöhne fehlen.

Das TS. erwähnt, daß in Taiwan nie Angehörige der Seitenlinie gesetzliche Erben würden[484]. SUEN[485] kommt zu einem ähnlichen Ergebnis:

„Es gibt keine Nachfolger in der kollateralen agnatischen Linie, d. h. zugunsten von Brüdern und Vettern des Erblassers und ihren Deszendenten, außer wenn einer der letzteren zum Legaladoptivsohn des Erblassers eingesetzt ist. Noch weniger für die kollaterale Linie mütterlicher Seite ..."

Diesen Stellen widerspricht ein Beispiel von ALABASTER[486], in dem vom Erbrecht eines Bruders gesprochen wird. Auch V. D. VALK[487] stellte Überreste traditionellen Rechts in der Volksrepublik China fest, nach dem Brüder des Erblassers erben.

Diese höchst spärlichen Angaben reichen nicht aus, ein gesetzliches Erbrecht von Clanmitgliedern der Seitenlinie zu folgern, soweit sie gleicher oder niedrigerer Generation mit dem Erblasser sind. Jedoch ist damit noch nicht über das Erbrecht von Clanmitgliedern höherer Generation, z. B. der Onkel entschieden. Darüber fehlen Angaben und es bleibt auf neue, eingehendere Materialfunde zu hoffen. Praktisch

---

482 Die Rechtsverhältnisse am Grundeigentum in China, S. 48.

483 Für das Sakralerbrecht siehe S. 33.

484 TS., S. 548, 592.

485 aaO., S. 26, 28, ähnlich SIAO, aaO., No. 10, S. 79ff.

486 aaO., S. 250.

487 aaO., S. 329.

treten die hier angeschnittenen Fragen selten auf, da meist eine Legaladoption stattfindet, die die wichtige Aufgabe der Ahnenverehrung fordert. Die religiös begründete Legaladoption löst dann auch das Problem der vermögensrechtlichen Nachfolge.

Trotzdem ist die Frage gesetzlicher Nachfolge von Clanangehörigen, die als eine zweite Klasse von Vermögenserben in Betracht kommen, nicht ohne systematisches Interesse.

Für die Erbfolge sprechen

a) das Vorrecht der Männer gegenüber den Frauen im patrilinearen System der chinesischen traditionellen Familie,

b) die gemeinsame Abstammung der Clanangehörigen.

Jedenfalls ist eine verfehlte Vereinfachung, generell wie SUEN[488] die strengen sakralrechtlichen Prinzipien auf die Vermögenserbfolge zu übertragen. Da im Vermögenserbrecht andere Interesse herrschen, kann dort eine elastischere Entscheidung getroffen werden, die sich nur an einer sachgerechten Verteilung des Vermögens, an den Interessen der Familie und an Billigkeitserwägungen ausrichtet.

3. Töchter

Frauen können im traditionellen China, abgesehen von ihrem Anspruch auf Unterhalt und Mitgift, auch erben. Das widerspricht einer weitverbreiteten, falschen Annahme, der selbst Kenner chinesischen Rechts zum Opfer gefallen sind[489].

Nach richtiger Ansicht bilden die Töchter die dritte Klasse der Vermögenserben.

Das Gesetz sagt[490]:

„... wenn die Familie erloschen ist und Erben für das Vermögen im Clan fehlen, sollen es die blutsverwandten Töchter erben ...".

Dieses im Gesetz genannte Erbrecht der Töchter greift allerdings nur in den seltenen Fällen ein, in denen kein Erbe der vorhergehenden Klassen vorhanden ist.

Eventuell verstreicht eine Frist, in der festgestellt wird, ob eine Adoption möglich ist. Erst wenn eine nachträgliche Adoption nicht stattfindet[491], erbt die Tochter.

Voraussetzung ist, daß die Tochter nicht aus der Familie hinausheiratet[492]. Auch unter der Republik China galt dieser Satz weiter, und erst am 19. 8. 1928 wurde durch Gesetz ausdrücklich auch verheirateten Töchtern ein Erbrecht eingeräumt. Auch in der Volksrepublik

---

488 aaO., S. 26, 28.

489 Beispielsweise JAMIESON, aaO., S. 202.

490 Text siehe S. 72. Chinesischer Text der hier interessierenden Stelle 所有親女承受 so yu ch'in nü ch'eng shou. Davon heißt „ch'eng shou" erben.

491 Abschnitt 4.3.4.3, Ziff. 1, S. 49.

492 TS., S. 569, ALABASTER, aaO., S. 194.

China lebt die erbrechtliche Unterscheidung zwischen verheirateten und unverheirateten Töchtern weiter[493].

Die Tochter als Erbe hat die Aufgabe, für eine Fortsetzung der Familie zu sorgen. Entweder kann sie unverheiratet bleiben und einen Legaladoptivsohn für ihren Vater bestellen[494],

oder sie heiratet und ihr Mann wird in die Familie der Frau aufgenommen[495].

Dann erbt die Frau, bis sie einen Sohn geboren hat[496]. Auf diesen geht das Erbe über[497]. Die Frau ist Vorerbe ihres zu gebärenden Sohnes. Über eine Verfügungsbeschränkung der Frau als Vorerbe enthält die Quelle nichts. Bekommt sie keinen Sohn, dann ist ein solcher zu adoptieren.

Da die Taiwanesen den Unterschied zwischen Legaladoptivsohn und Adoptivsohn „aus Wohltätigkeit" nicht anerkennen, vielmehr alle Adoptivsöhne zur Vermögenserbfolge zulassen, tritt in Taiwan das Erbrecht der Töchter noch seltener ein als nach gemeinem chinesischen Recht[498].

Allerdings erkennen die Taiwanesen im Gegensatz zum Gesetz, das von „blutsverwandten Töchtern" spricht, ein Erbrecht der adoptierten Töchter an, falls sie nicht hinausheiraten[499].

Irrtümlich will das TS. ein Erbrecht der Tochter erst dann zulassen, wenn keine Witwe am Leben ist[500].

Tatsächlich spricht der zitierte Gesetzesartikel nur von „Töchtern".

Die an anderer Stelle[501] im Gesetz enthaltene Bestimmung:

„Eine Witwe, die keine Söhne hat und sich nicht wiederverheiratet, erhält den Anteil ihres Gatten" wird im TS. zur Begründung des Erbrechts der Witwe benutzt[502]. Diese Bestimmung bezieht sich aber nach

---

493 v. d. Valk, aaO., S. 325.

494 Wenn sonst kein Familienmitglied diese Pflicht erfüllt hat, TS., S. 569. Boulais (aaO., S. 201) meint, daß sie den Erben für sich bestellen könne. Das ist abzulehnen, da die Legaladoption nur für Männer erfolgen kann (siehe oben S. 37, 44).

495 Adoptivschwiegersohn (chinesisch: chao hsü, siehe S. 74f.).

496 TS., S. 568.

497 Die Quelle spricht ungenau von „übertragen", chinesisch: 傳 ch'uan, Mathews' No. 1446; TS., S. 569.

498 TS., S. 569. Anders das Sonderrecht für Mandschus (Bannerleute), in deren Familien Töchter und Adoptivsöhne nebeneinander treten.

499 TS., S. 569. Über die große Häufigkeit der Adoption von Töchtern in Taiwan vgl. Arthur P. Wolf, Female Adoption in Taiwan (Manuskript).

500 TS., S. 568.

501 Kapitel 78 (Li 2) Boulais, aaO., S. 189, Ziff. 398. Boulais übersetzt richtig mit „pourra jouir", da es sich nicht um ein wirkliches Erbrecht handelt. TS., S. 567 ist anderer Ansicht.

502 Ebenso ungenau v. d. Valk, aaO., S. 327.

ihrem Wortlaut („Anteil") nur auf den Fall, daß der verstorbene Gatte einer der Miterben ist und das Familienvermögen geteilt wird. Es ist ein Fall der Vertretung männlicher Nachkommen im subjektiven Erbrecht. Nur als Repräsentantin des verstorbenen Sohnes des Erblassers erhält die Sohnesgattin vorübergehend das Vermögen[503].

Da daraus kein eigenes Erbrecht einer Gattin des Erblassers abgeleitet werden kann, ist die in der Quelle vertretene Ansicht vom Erbrecht der Witwe für das traditionelle China abzulehnen[504].

Die Gattin des Erblassers hat kein Erb-, sondern nur ein Verwaltungsrecht[505]. Dieses Verwaltungsrecht ist deshalb bedeutsam, weil nach der oben besprochenen Regel das Familienvermögen nicht aufgeteilt werden soll, solange noch ein Elternteil lebt[506]. Falls die Witwe nicht ausnahmsweise ihre Zustimmung gibt[507], wird aus Respekt ihr gegenüber nicht geteilt und ihr ein Verwaltungsrecht zugestanden. Dieses Recht entspringt aus ihrer Stellung als Senior, dem Ehrerbietung geschuldet wird. Ob man eine gesetzliche Grundlage für das Verwaltungsrecht der Witwe in Kapitel 88 des Ch'ing-Codex sehen kann, ist zweifelhaft[508].

Das Verwaltungsrecht der Witwe soll die Übergangszeit bis zur Einsetzung eines Erben überbrücken. Da sie nur für den Erben verwaltet, ist sie in ihren Verfügungen einer Kontrolle des Clanvorstandes unterworfen[509]. Es ist ihre Hauptaufgabe, die Bestellung eines Erben durch den Clanvorstand zu fördern oder selbst den Erben zu bestellen[510].

Außerdem kann die Witwe während der Zeit, in der sie das Familienvermögen verwaltet, und später, wenn ein Enkel es übernommen hat, beanspruchen, daß das Vermögen für ihren Unterhalt und für die Kosten ihres Begräbnisses benutzt wird[511].

Alle diese Rechte am Vermögen stehen einer Konkubine erst nach Tod der Hauptfrau zu[512].

---

503 So zu Recht ebenfalls Ch'ü T'ung-tsu, aaO., S. 104; Jamieson, aaO., S. 202; Tai Yen-hui, aaO., S. 35; C. K. Yang, The Chinese Family in the Communist Revolution, Cambr. Mass. 1959, S. 142; 33 H. K. L. R., p. 65.

504 Ich komme zu demselben Ergebnis wie Freedman, aaO., S. 135, der als Einschränkung nennt, daß bei armen Bevölkerungsschichten trotzdem der Witwe häufig ein Erbrecht zugesprochen wird. Gegen Erbrecht der Witwe Alabaster, aaO., S. 192, 194; Ch'ü T'ung-tsu, aaO., S. 104; Betz, aaO., S. 372.

505 10 H. K. L. R., p. 73; Alabaster, aaO., S. 192; Jamieson, aaO., S. 202; Suen, aaO., S. 35 mit Fundstelle aus der Zeit nach Errichtung der Republik China.

506 S. 58.

507 Jamieson, aaO., S. 202, McAleavy, aaO., S. 540.

508 So zweifelnd Jamieson, aaO., S. 202. Vgl. den Text bei Boulais, aaO., S. 199, Ziff. 414.

509 TS., S. 567; 20 H. K. L. R., p. 17.

510 S. 49.

511 Alabaster, aaO., S. 192; 33 H. K. L. R., p. 65.

512 Alabaster, aaO., S. 192; 20 H. K. L. R., p. 35; Tai Yen-hui, aaO., S. 35.

Heiratet die Witwe wieder, so verliert sie diese Rechte[513].

Die ungleiche Behandlung der Frau, die sowohl die Töchter als insbesondere auch die Witwe schwer benachteiligt, ist de lege ferenda seit Beginn der Republik China scharf angegriffen worden und wurde schließlich sowohl im Zivilgesetzbuch der Republik China als auch im Ehegesetz der Volksrepublik China abgeschafft.

4. Fiskus

Wenn keine leiblichen Deszendenten oder Adoptivsöhne, auch hilfsweise keine sonstigen patrilinearen Clanverwandten oder schließlich Töchter als Erben vorhanden sind, könnte man aus Billigkeitserwägungen und der Natur des Privatvermögens daran denken, auch Verwandte der mütterlichen Linie vor dem Fiskus als Erben heranzuziehen. Wenn sie auch nicht zum Clan gehören, der grundsätzlich die Grenze des Vermögenserbrechts bildet, wird auch in China eine Verwandtschaftsbeziehung zu ihnen nicht ganz geleugnet. Da nach taiwanesischem Gewohnheitsrecht bei der Erklärung eines letzten Willens und bei Nachlaßteilung auch häufig Verwandte der Frauenseite hinzugezogen werden[514], kann ihnen eine erbrechtlich erhebliche Verwandtschaftsbeziehung nicht ganz abgesprochen werden. Das Material reicht jedoch nicht aus, um die Frage ihres Erbrechts eindeutig zu klären.

Nach taiwanesischem Gewohnheitsrecht verwalten die Verwandten der weiblichen Linie oder Freunde den Nachlaß vorläufig und bestimmen einen Legaladoptivsohn für den Erblasser. Manchmal errichten sie mit den Mitteln des nachgelassenen Vermögens auch eine Stiftung zur Ahnenverehrung. Es bleibt offen, ob sie sich nicht in Wirklichkeit das Vermögen häufig selbst aneignen. Jedenfalls ist der Quelle kein Beispiel taiwanesischen Gewohnheitsrechts bekannt, in dem der Nachlaß an den Fiskus gefallen wäre.

Jedoch spricht das Gesetz den Nachlaß dem Fiskus zu[515], wenn jeder „Erbe mangelt" und die „Familie erloschen" ist.

4.4.1.3.3 Wegfall von Erben

Vor dem Erbfall können Erben weggefallen sein, weil sie verstorben sind, die Familie endgültig verlassen haben[516] oder enterbt wurden.

Von besonderer Bedeutung ist die Enterbung. Die bei der Sakralerbfolge allgemein entwickelten Grundsätze[517] gelten auch im Vermögenserbrecht. Anders als in den von der Testierfreiheit beherrschten

---

513 Boulais, aaO., S. 189, Ziff. 398.

514 Siehe Anm. 656, 585.

515 Siehe oben S. 72.

516 Wenn eine Person vor dem Erbfall die Familie verläßt, könnte das im Sinne unserer europäischen Auffassung als Erbverzicht ausgelegt werden, deutsches BGB. § 2346 ff.

517 Siehe Abschnitt 4.3.5, oben S. 50 ff.

europäischen Rechten[518] kann ein Abkömmling im chinesischen traditionellen Recht nur bei schweren Sittenverstößen enterbt werden. In China wird dadurch praktisch jeder gesetzliche Erbteil wie ein Pflichtteil nach dem deutschen BGB. behandelt. Zu den oben Seite 50ff. im Sakralrecht aufgeführten Voraussetzungen der Enterbung kommt hier aus dem Wesen des Vermögenserbrechts ein Grund hinzu: ein Familienangehöriger kann auch enterbt werden, wenn er ein ausschweifendes Nichtstuerleben führt und Sorge besteht, er werde das Familienvermögen verschwenden[519].

Der Familienchef oder der Familienvorstand erklärt die Enterbung[520].

Die Enterbung ist selten[521]. Für Taiwan ist den japanischen Berichterstattern nur die Enterbung von Adoptivsöhnen, nie von leiblichen Söhnen bekanntgeworden[522].

Eine Ausschlagung ist im chinesischen traditionellen Vermögenserbrecht nicht möglich[523], und eine gerichtliche Erbunwürdigkeitserklärung scheint nicht vorzukommen[524].

Ein Wegfall von Erben nach dem Erbfall tritt, soweit aus dem benutzten Material zu entnehmen, nur ein, wenn der Erbe vor Teilung des Nachlasses die Familie endgültig verläßt. Wenn ein Sohn Mönch wird oder die Familie als Adoptivsohn einer anderen Familie endgültig verläßt, oder wenn ein Adoptivsohn in die Familie seiner Geburt zurückkehrt, verlieren sie ihr Anteilsrecht am Nachlaß[525]. Eine Person, die ihre Familie verlassen hat, kann ihr Erbrecht zurückerwerben[526], wenn sie vor Nachlaßteilung in die Familie zurückkehrt. Das zeigt die Bedeutung des Zusammenwohnens in der Hausgemeinschaft für das chinesische traditionelle Vermögenserbrecht. Diese Regeln gemeinen Rechts gelten auch im taiwanesischen Gewohnheitsrecht.

4.4.1.3.4 Erbanteile

Entsprechend dem Ch'ing-Codex[527] erhalten die Söhne von Hauptfrau, Konkubinen und Sklavinnen gleiche Anteile[528]. Folglich entscheidet die Abstammung vom gleichen Vater. Die Erben können ver-

---

[518] Einschließlich des modernen chinesichen BGB. § 1187; BÜNGER, Chin. BGB. S. 273.

[519] TS., S. 572; BOULAIS, aaO., S. 202.

[520] Abschnitt 4.3.5.2, oben S. 52.

[521] EITEL, aaO., S. 151.

[522] TS., S. 572.

[523] S. 67.

[524] Anders als §§ 2339ff., 2344 deutsches BGB. und § 1145 im chinesischen BGB.

[525] TS., S. 571.

[526] TS., S. 572, TS. Anhang, S. 309.

[527] S. 72.

[528] Ungleiche Anteile galten zum Teil in früheren Dynastien. Beispiele für die Mongolenzeit (1227—1368) bei TAI Yen-hui, aaO., S. 72.

schiedene Mütter haben und untereinander bloße Halbgeschwister sein. Eine Ausnahme gilt für den unehelichen Sohn, der grundsätzlich nur einen halben Anteil erhält[529]. Auch wenn in anderen Klassen mehrere Erben zusammentreffen, erhalten sie gleiche Anteile.

Das Gebot der gleichen Anteile gilt grundsätzlich auch nach taiwanesischem Gewohnheitsrecht[530]. Dort kann jedoch durch Testament das Verhältnis der Anteile geändert werden[531]. Für die Intestaterbfolge erkennt das TS. in Taiwan dem Rechtssprichwort:

„Für die Söhne der Hauptfrau 1 Anteil,
für die Söhne der Konkubinen ½ Anteil,
für den Ming ling tzu ¼ Anteil"

keine Geltung für die Höhe der Anteile zu[532].

Das Prinzip der Gleichheit, das im Vermögenserbrecht herrscht, findet auch in der Höhe der Anteile seinen Ausdruck.

4.4.1.3.5 Erbengemeinschaft

Ist ein Erbe vorhanden, dann rückt dieser in die Stellung des Erblassers ein und es entstehen keine weiteren Probleme.

Bei mehreren Erben geht mit dem Erbfall das Familienvermögen auf die Gemeinschaft der Erben über[533]. Die Quelle und die moderne chinesische Literatur[534] meinen, daß dieses gemeinschaftliche Eigentum der Erben[535] der germanischen Gesamthand entspreche. Man könnte vermuten, daß die japanischen Berichterstatter, die die Quelle zusammenstellten und denen die Vorarbeiten zum deutschen BGB. bekannt waren[536], voreilig eine solche Analogie annahmen[537]. Die japanischen Berichterstatter könnten, nachdem ihnen einige Normen der Erbengemeinschaft des chinesischen traditionellen Rechts bekanntgeworden waren, den Rest im Sinne der ihnen bekannten germanischen Gesamthand ergänzt haben. Gegen eine solche oberflächliche Arbeitsweise spricht jedoch, daß in der Quelle nicht nur der Unterschied zur römischrechtlichen

529 Vgl. S. 72.

530 TS., S. 548, 565.

531 Abschnitt 4.4.1.4, unten S. 98.
Das ist die Rechtsgrundlage für die vielen Fälle ungleicher Erbanteile, die sich für Taiwan aus dem Material ergeben. TS. Anhang, S. 311, 342ff., 354ff.

532 TS., S. 565. Jedoch kann ein Sakralerbe, falls ein solcher in taiwanesischen Familien bestellt wird, einen zusätzlichen Anteil erhalten, siehe oben S. 37. Meist gibt es aber in Taiwan keinen privilegierten Sakralerben, siehe oben S. 54.

533 TS., S. 552.

534 Vgl. Tai Yen-hui, aaO., S. 33.

535 Das die Quelle TS., S. 552 合有權 ho yu ch'üan nennt. Der Unterschied zum Miteigentum nach Bruchteilen ist den japanischen Berichterstattern bekannt.

536 Der Einfluß deutschen Rechts auf das moderne japanische Recht ist bedeutend.

537 Im TS., S. 552 benutzen die japanischen Berichterstatter sogar das deutsche Wort „Gesammthand" (mit zwei „m").

Bruchteilsgemeinschaft, sondern sogar zu den Prinzipien der Erbengemeinschaft des deutschen BGB. hervorgehoben wird[538].

Auch im chinesischen traditionellen Recht wird der Nachlaß als Ganzes in der Hand der Erbengemeinschaft zusammengehalten. Das chinesische traditionelle Recht kennt jedoch nicht „die Durchbrechung durch Befugnisse rein individueller Prägung“[539], die das Prinzip der Gemeinschaft zur gesamten Hand in der Erbengemeinschaft des deutschen BGB. gefunden hat. Weil in China die Erbengemeinschaft nicht auf möglichst baldige Auseinandersetzung angelegt war[540], konnte dort der Miterbe vor Auseinandersetzung nicht über seinen Anteil verfügen und hatte keinen Anspruch auf jederzeitige Auseinandersetzung[541]. Das Gesamthandprinzip ist vielmehr in der chinesischen traditionellen Erbengemeinschaft streng durchgeführt.

Die Miterben haben im chinesischen traditionellen Recht einen Anspruch auf einen Teil des Familienvermögens. Zwar sind die Anteile im Verhältnis zueinander bekannt, aber vor der Auseinandersetzung bleibt, wie die Quelle ausführt, die „tatsächliche Größe“ der Anteile unbekannt[542]. Die Quelle benutzt hier eine etwas unklare Formulierung dafür, daß einzelne Gegenstände vor Auseinandersetzung nicht bestimmten Erben zugeordnet sind. Daraus schließen zu wollen, daß noch keine Anteile, sondern nur „Anwartschaften auf Anteile“ vorhanden seien, wie es die Quelle andeutet[543], wäre jedoch eine verfehlte Konstruktion. Die Anteile sind Verhältnisgrößen und als solche im Abschnitt 4.4.1.3.4 (oben Seite 82) bestimmt und festgelegt worden. Somit bestehen auch in der chinesischen Miterbengemeinschaft Anteile. Die Quelle verwendet selbst den Ausdruck „Hausanteile“[544]. Die Besonderheit des chinesischen Rechts liegt nicht im Begriff der Miterbenanteile, sondern in ihrer mangelnden Übertragbarkeit[545]. Das TS. benutzt für das Miteigentum ohne Übertragbarkeit der Anteile (wie bei der Erbengemeinschaft) einen anderen Ausdruck[546] als für das Miteigentum mit Übertragbarkeit[547].

---

538 TS., S. 552.

539 Palandt-Keidel, BGB., Einführung vor § 2032, Anm. 2.

540 Sie war vielmehr für die Dauer bestimmt, ähnlich den germanischen „Ganerben“, Hans Planitz, Deutsche Rechtsgeschichte, 2. Auflage, bearb. von Karl August Eckardt, Graz und Köln 1961, S. 205.

541 Dazu Näheres in Abschnitt 4.4.1.3.6, unten S. 86.

542 TS., S. 553.

543 Chinesisch: 應得份 ying te fen, TS., S. 552, 553.

544 Chinesisch: 房份 fang fen.

545 TS., S. 553.

546 Chinesisch: 合有 ho yu.

547 Chinesisch: 共有 kung yu, TS., S. 553.

Die mangelnde Übertragbarkeit wird dem Familieninteresse gerecht, das ein Eindringen von Familienfremden in die Miterbengemeinschaft auszuschließen sucht[548].

An den Gegenständen des Nachlasses stehen den einzelnen Miterben keine Anteile zu. Darüber verfügt grundsätzlich nur die Gesamthandgemeinschaft. Allerdings kann der Staat bei Vermögenskonfiskation gegen einen der Miterben Gegenstände des ungeteilten Nachlasses als diesem bestimmten Erben gehörig ansehen und sie einziehen[549].

Trotz der strengen gesamthänderischen Grundsätze gestattet das chinesische traditionelle Recht eine schmiegsame laufende Verwaltung des Nachlasses. Es herrscht nicht das schwerfällige Prinzip gemeinsamer Verwaltung aller Miterben[550]. Der Grundsatz der Seniorität, der das chinesische traditionelle Familien- und Erbrecht durchzieht, und die das Individualinteresse überlagernden Familieninteressen bringen eine elegante Lösung: Der Senior der Erbengemeinschaft verwaltet den Nachlaß[551].

Senior wird der älteste der Erben bzw. eine andere von den Erben aus ihrer Mitte gewählte Person. Wie der Familienvorstand oder -senior[552] hat er seine Legitimation aus einem Auftrag der Erben.

Eigentümer des Nachlasses ist die Erbengemeinschaft und nicht der Senior[553]. Da der Senior nicht wie der verstorbene Familienchef Eigentümer ist, kann er die Teilung des Familienvermögens nicht verbieten, ein Recht, das nur Aszendenten zusteht[554].

Im Unterschied zu der unumschränkten Herrschaftsgewalt des Familienchefs darf der Senior der Erbengemeinschaft den Nachlaß nicht „eigenmächtig für sich selbst benutzen und verschwenden"[555]. Gegenüber dem Senior können die Erben bei solchem Mißbrauch seiner Verwaltungsaufgaben klagen[556], was in Taiwan sehr häufig vorkam.

Die begrenzten Verwaltungsbefugnisse des Seniors sollen die Erbengemeinschaft von komplizierten Beschlußverfahren entlasten, sie aber nicht von ihren Eigentümerrechten ausschließen. Bei Handlungen für den Nachlaß hat der Senior nicht seinen eigenen, sondern den Namen

---

548 TS., S. 553.

549 TS., S. 553 mit Gesetzesverweisung.

550 Das nehmen irrtümlich SIAO und SUEN an. SIAO, aaO., No. 12, S. 70 meint — offenbar für das traditionelle Recht — daß der Widerspruch eines Miterben ausreiche, um Verwaltungsmaßnahmen zu verhindern. Ebenso SUEN, aaO., S. 99.

551 TS., S. 552.

552 Siehe vorn S. 30.

553 Der Senior ist nicht dem executor oder administrator des anglo-amerikanischen Rechtskreises, der „owner at law" ist, gleichzusetzen.

554 MCALEAVY, aaO., S. 541.

555 TS., S. 552.

556 TS., S. 552 mit Gesetzesstelle. Anders bei Aszendenten, vgl. Anm. 357.

des verstorbenen Familienchefs zu benutzen[557]. Die Quelle stellt klar, daß dies nicht zu der oben abgelehnten Ansicht[558] führen muß, wonach der Familienchef auch nach seinem Tode weiterhin Eigentümer des Familienvermögens sei. Vielmehr werde der Name des Erblassers nur der Bequemlichkeit halber benutzt[559], um die Aufzählung der Namen aller Erben zu vermeiden. Außerdem soll wohl auch vor der Auseinandersetzung Dritten gegenüber die Identität des Familienvermögens offenkundig bleiben.

Die Erbengemeinschaft kann durch gemeinsames Handeln und Verfügen jederzeit ihre Rechte am Erbgut ausüben. Wenn auch einzelne Erben grundsätzlich nicht über Nachlaßgegenstände verfügen dürfen[560], ist es ihnen nicht versagt, notwendige Erhaltungsmaßnahmen aus eigener Initiative zu ergreifen. Auch am gemeinsamen Gebrauch und der Aufteilung der Früchte kann der Senior die Miterben nicht hindern[561].

Die üblichen Verwaltungsgeschäfte führt der Senior ohne besonderen Auftrag der Miterben durch. Bei wichtigen Vermögensverfügungen soll nach taiwanesischem Gewohnheitsrecht[562] der Senior allerdings die Zustimmung der anderen Erben einholen. Es soll angeblich sogar unterschriftliche Zustimmung der Erben vorliegen, bevor der Senior über Grundstücke verfügen kann. Wichtige Verfügungen stehen danach grundsätzlich nur der Gesamthandgemeinschaft zu.

4.4.1.3.6 Auseinandersetzung

4.4.1.3.6.1 Das Recht auf Auseinandersetzung

Das chinesische traditionelle Recht gestattet die Auflösung der Miterbengemeinschaft durch Auseinandersetzung. Die Interessen der Familie an der Fortführung des Lebenswerkes des Familienchefs, an wirtschaftlicher Kontinuität auf der Grundlage gemeinschaftlichen Vermögens und das gesellschaftliche und staatliche Interesse an der Erhaltung wertvoller Wirtschaftseinheiten treten hinter die Wünsche des Individuums zurück.

Die Auseinandersetzung der chinesischen Miterbengemeinschaft wird allerdings in dreifacher Hinsicht erschwert:

---

[557] TS., S. 553.

[558] Abschnitt 4.4.1.2, These 1, S. 60.

[559] TS., S. 553.

[560] TS., S. 552.

[561] Die Quelle (TS., S. 552) drückt sich hier mißverständlich aus, indem sie sagt, daß „der Senior das Familienvermögen verwaltet und nutzt". Da der Senior nur Vertreter und Geschäftsführer ist, darf er Nutzungen nicht für sich privat, sondern nur für die Erbengemeinschaft einziehen.

[562] TS., S. 552.

1. Nicht nur der Erblasser, sondern auch seine Hauptfrau müssen verstorben und die Trauerzeit für beide Personen abgelaufen sein, ehe auseinandergesetzt werden darf.
2. Sittennormen wirken gegen Auseinandersetzung.
3. Die Miterben haben keinen klagbaren Anspruch auf Auseinandersetzung.

Zu 1. Wie oben erwähnt[563], verliert das Vermögen mit dem Tod des Erblassers den Charakter der Unteilbarkeit, die Auflösung des Familienverbandes und seiner wirtschaftlichen Grundlage wird rechtlich zulässig. Die Ausübung dieser Rechte ist jedoch nach gesetzlichen Bestimmungen aufgeschoben, bis auch die Gattin des Erblassers verstorben ist und bis die Trauerzeit für beide Aszendenten verstrichen ist[564]. Das taiwanesische Gewohnheitsrecht entspricht diesen Regeln[565].

Da die Trauerzeit für Aszendenten grundsätzlich drei Jahre beträgt, bedarf es keiner Vorschrift, die wie § 2043 I des deutschen BGB. bei zu erwartender Geburt eines Miterben nach Erbfall die Auseinandersetzung ausschließt. Wenn doch vor Geburt auseinandergesetzt wurde, war der Anteil für den nasciturus beiseite zu stellen[566].

Zu 2. Wenn auch die Auseinandersetzung nach Ablauf dieser Fristen zulässig war, verzögerten oder verhinderten oft die herrschenden Sittenvorstellungen die Auflösung der Miterbengemeinschaft. Insofern siegte im traditionellen China weitgehend der Familienzusammenhalt.

Zwar wurde die Teilung des Familienvermögens nach Ablauf der oben genannten Fristen nicht grundsätzlich als eine „Verletzung der Familieneintracht" angesehen, die als einer der „Zehn Erzfrevel" unter schwerer Strafdrohung stand[567]. Aber die Hochachtung der Harmonie und Zusammenarbeit in der Familie übten einen starken Einfluß auf das Verhalten aus[568]. Der schon im Sakralerbrecht ausgeprägte Gedanke der Kontinuität in der Familie wirkte auch im Vermögenserbrecht.

---

563 Abschnitt 4.4.1.3.1, S. 66f.

564 S. 58. Wenn auch das Recht des sogenannten Dreißigsten nach § 1969 des deutschen BGB. richtiger Ansicht nach die Auseinandersetzung nicht hindert (Staudinger-Lehmann, BGB., § 2042 Anm. 26), galt doch die strenge entgegengesetzte Ansicht ebenso wie in China im germanischen Recht (H. Planitz, Deutsche Rechtsgeschichte, 2. Aufl. bearb. v. K. A. Eckardt, Graz u. Köln 1961, S. 205). Ausnahmsweise konnte nach chinesischer traditioneller Auffassung vor Fristablauf geteilt werden, wenn die Aszendenten ihre Zustimmung gegeben hatten, TS., S. 576. Die moderne Rechtsprechung des Obersten Gerichtshofs der Republik China ließ den Aufschub der Auseinandersetzung wegen Trauerzeit zu einem seltenen Fall werden (Suen, aaO., S. 111).

565 TS., S. 576.

566 Siao, aaO., No. 12, S. 75/76. Eine solche Vorschrift bestand auch im chinesischen BGB. § 1166 Absatz I (Bünger, Chin. BGB., S. 270).

567 S. 52.

568 v. d. Valk, aaO., S. 315; Suen, aaO., S. 109.

Ein Beispiel für solche Sittlichkeitsvorstellungen gibt ein zum Volksgebrauch bestimmter Kommentar zu den 16 Maximen des K'anghsi-Kaisers der Mandschu-Dynastie. Dort heißt es[569]:

„Der Clan ist wie ein Wasserstrahl, der, obwohl er sich in verschiedene oder Dutzende von Bächen teilt, doch aus einer Quelle kommt. Oder er ist wie ein Baum, der tausend Zweige und zehntausend Blätter hat, die doch alle aus einer Wurzel kommen. Mögen sich auch die Clanmitglieder nach Dutzenden oder Hunderten teilen, stammen sie doch alle vom Körper eines Vorfahren. Ich und meine Verwandten sind nur zwei Hände, zwei Füße, Ohren, Augen, Mund, Nase usw., die von unserem Ahn abstammen und zusammen nur einen Körper bilden. . . .

So sagten die Alten: ‚Man soll alle Menschen lehren: kindliche Pietät, Brüderlichkeit, Harmonie, eheliche Liebe, Geduld gegenüber anderen, Mitleid'[570]. Wie du siehst, sprechen sie von ‚kindlicher Pietät', dann von ‚Brüderlichkeit' und unmittelbar danach von ‚Harmonie'. Das ist zweifellos, weil die verschiedenen Clanmitglieder alle von einem Vorfahren abstammen; und wenn sie nicht Harmonie im Clan fördern, sind sie pflichtvergessen und unbrüderlich. . . .

Manche trachten nur nach Geld und achten überhaupt nicht die Bande von Fleisch und Blut; manche sind selbstsüchtig und kümmern sich nicht um das Wohl und Wehe anderer Menschen; manche wiederum hören auf das närrische Gerede von Frauen und Kindern und manche lassen Außenstehende Unheil anrichten, und all dieser Unfug bringt deine Familie nur in Uneinigkeit. . . .

In der T'ang-Dynastie lebte ein gewisser Chang Kung-i[571], dessen Familie umfaßte ‚neun Generationen'[572] und hatte sich noch nicht geteilt. In der südlichen T'ang-Dynastie gab es in Ch'iang-chou einen namens Ch'en Pao[573], dessen Clan war sehr groß; es waren über siebenhundert Personen, die gemeinsam kochten und aßen. Die Familie hatte über hundert Hunde, die wurden in einem gemeinsamen Gehege gefüttert; wenn ein einziger der Hunde nicht anwesend war, wollte keiner der Hunde fressen. Ihr seht: Weil die Menschen in Ch'en Paos Familie in Harmonie lebten, deshalb wurden sogar die Hunde zum Guten geführt! Nun, sind Menschen geringer als Hunde?"

---

569 „Sacred Edict" der K'anghsi- und Yungcheng-Kaiser, übers. v. F. W. Baller, 6. Auflage, Shanghai 1924, S. 20ff. mit chinesischem Text und englischer Übersetzung. Vgl. hierzu H. Wilhelm, Gesellschaft und Staat in China, Hamburg 1960, S. 81.

570 Chinesisch: 孝友睦婣任恤 hsiao yu mu yin jen hsü.

571 張公藝

572 Das heißt, alle lebenden Clanmitglieder wohnten zusammen.

573 陳褒

Diese wenigen, aus einer Fülle herausgegriffenen, teils moralisierenden, teils belustigenden, teils auch durch ihre Ernsthaftigkeit bewegenden Beispiele[574] chinesischer Erziehung zur Harmonie zeigen, wie hoch die traditionelle chinesische Gesellschaft die Zusammenarbeit achtete.

Diese traditionellen Wertvorstellungen entsprachen früher in gewissem Maße den wirtschaftlichen Notwendigkeiten der chinesischen Agrargesellschaft.

Sie wirken bis heute fort[575] und hemmen in der modernen Gesellschaft immer noch den Unternehmungsgeist und die Unternehmungsfreude der Chinesen.

Zu Beginn unseres Jahrhunderts waren bestimmte Reste des Gedankens der Familienzusammenarbeit in China leere Form geworden. O. FRANKE schreibt 1902[576], daß die Sitte, ein Grundstück vor dem Verkauf an Familienfremde erst den Familienmitgliedern zum Verkauf anzubieten, „jetzt allerdings ganz schattenhaft" geworden sei.

Es gab schon in der traditionellen chinesischen Gesellschaft starke Tendenzen, die Normen für Familienzusammenarbeit zu umgehen. Es scheint nach dem vorliegenden Material, daß nur wenige Familien generationenlang die Erbteilung verhinderten. Es wird der sozialen Wirklichkeit in vielen Landesteilen Chinas sehr nahe gekommen sein, was das TS. über Taiwan schreibt[577]: Diese Ideale wurden bewundert, aber nicht verwirklicht. Meist wird die Erbmasse zwei, drei Jahre nach dem Tod des Erblassers an einem glückbringenden Tag geteilt. Nur selten bleibt man zwei bis vier Generationen in ungeteilter Erbengemeinschaft zusammen.

Die moderne Soziologie hat gezeigt, daß die verschwommenen Vorstellungen, die man sich häufig von der chinesischen „Großfamilie" machte, nicht allgemein zutrafen[578], und die moderne Sozialpsychologie zerbricht das Vorurteil, daß der Chinese von grundsätzlich anderen Antrieben geleitet sei als der Europäer[579]. So führten auch im traditionellen China die individuellen Wünsche zur Aufteilung des Nachlasses.

Zu 3. Wenn einzelne Miterben aus ihren überwiegenden Interessen eine Teilung wünschten, bot sich ihnen ein weiteres Hindernis: das traditionelle chinesische Recht gewährt den Miterben keinen klagbaren Anspruch auf Auseinandersetzung.

---

[574] Weitere Beispiele TS. Anhang, S. 340.

[575] Vom Verfasser beobachtet in Hongkong, vgl. K. MÄDING, Wirtschaftswachstum und Kulturwandel in Hongkong, 1964, Abschnitt 3.3.
Für die Übergangszeit nach der chinesischen Revolution von 1911, SUEN, aaO., S. 99.

[576] Die Rechtsverhältnisse am Grundeigentum in China, S. 51, siehe auch vorn S. 64.

[577] TS, S. 577.

[578] Abschnitt 3.2, S. 27f.

[579] Einige Beispiele in der Arbeit des Verfassers, Wirtschaftswachstum und Kulturwandel in Hongkong, 1964, Abschnitt 2.2.1.3.

Die Auseinandersetzung hat entweder entsprechend der Teilungsanordnung des Erblassers[580] oder einvernehmlich durch Vertrag der Miterben zu erfolgen[581].

Die geringe Berücksichtigung individueller Interessen in der chinesischen Miterbengemeinschaft versagt den Miterben die Erbteilungsklage. Allerdings war es einem Erben unbenommen, bis zur Grenze der strafbaren „Verletzung der Familieneintracht"[582] seine Mitarbeit zu verweigern und so die Auseinandersetzung auch den anderen Miterben als vorteilhaft erscheinen zu lassen.

Im übrigen können die Konflikte zwischen Einzel- und Gemeinschaftsinteresse im Geiste des chinesischen Rechts gelöst werden, wenn auf das Prinzip der Seniorität und der Clanautorität zurückgegriffen wird. Der Senior der Miterbengemeinschaft kann nach diesem Gedanken von den anderen Miterben auch gegen deren Willen Teilung verlangen, da sie ihm Gehorsam schulden. Einzelne Miterben können andererseits sich gegen den Willen des Seniors nicht durchsetzen.

Falls im übrigen der Konflikt innerhalb der Familie unlösbar bleibt, greift der Vorstand des Gesamtclans aus seiner Verantwortlichkeit für die zugehörigen Familien als delegiertes, nicht staatliches Gerichtsorgan schlichtend ein[583].

4.4.1.3.6.2 Die Methode der Auseinandersetzung

Die Methode der Auseinandersetzung, für die gesetzliche Regeln fehlen[584], ist im TS. an Hand taiwanesischen Gewohnheitsrechts ausführlich dargelegt. Der Auseinandersetzungsvertrag ist danach anders als im deutschen BGB. formbedürftig.

Es wird eine Versammlung der Familienmitglieder und der wichtigen Clanmitglieder einschließlich des Clanvorstandes einberufen[585]. Die Verwandten, die nicht Erben sind, haben beratende, der Clanvorstand schlichtende Funktionen. Außerdem sind diese Personen Zeugen.

Die Auseinandersetzung geschieht wie folgt:

1. Vermögen, das nicht unter die Teilung fällt, wird von dem Familienvermögen abgesondert[586]. Vermögen unterliegt dann nicht der Teilung, wenn es kein Familienvermögen, sondern Ahnen- oder

---

[580] Abschnitt 4.4.1.4, S. 98.

[581] TS., S. 576.

[582] Ziff. 2 dieses Abschnittes.

[583] Chinesisch: 族長 tsu chang, vgl. Anm. 328.

[584] TS., S. 577.

[585] TS., S. 577. In Taiwan scheint die Sitte weitverbreitet zu sein, Verwandte der Frauenlinie, die also außerhalb der eigentlichen patrilinearen Familie stehen, zu solchen Versammlungen hinzuzuziehen, TS. Anhang, S. 309, 342ff., 349f.

[586] TS., S. 577; Tai Yen-hui, S. 36.

Privatvermögen ist, oder wenn es vom Erblasser oder den Erben bestimmten Personen zugedacht ist.

2. Aus dem verbleibenden Familienvermögen werden die Mittel zur Bezahlung der zur Zeit bestehenden Familienschulden beiseite gelegt[587].

3. Der Rest des Familienvermögens wird durch Los in gleichen Anteilen unter die Erben aufgeteilt.

1. Vermögen, das nicht der Teilung unterliegt.

Es wird entweder kraft seiner Widmung[588] oder aufgrund letztwilliger Verfügung des Erblassers oder durch Vertrag der Erben aus dem Nachlaß ausgeschieden. Im letzteren Fall handelt es sich um eine Zuwendung unter Lebenden.

1.1 Ahnenvermögen[589]

Es dient der Ahnenverehrung und gelegentlich auch zur Finanzierung der Erziehung und zum Unterhalt von Familienmitgliedern[590].

Es ist zur Erfüllung dieser Zwecke vom Familienvermögen getrennt.

Soweit das Ahnenvermögen nicht bereits generationenlang in der Familie bestanden hat, wird es aus Anlaß der Nachlaßteilung von den Erben errichtet.

Das Ahnenvermögen kann als Eigentum des Sakralerben oder des Clans bzw. der Familie angesehen werden. Es liegt nahe, von einem Eigentum der Personengruppe zu sprechen, deren Ahnen mit Hilfe dieses Vermögens verehrt werden[591]. Möglicherweise hat sich daraus ein Eigentum des jeweiligen Sakralerben entwickelt, der sich in dem gewohnheitsrechtlich anerkannten Zusatz-Anteil des Sakralerben niedergeschlagen hat[592].

Es gibt hierzu unterschiedliches partikuläres Gewohnheitsrecht. In Taiwan wird Ahnenvermögen als gemeinsames Eigentum aller Söhne

---

[587] TS., S. 590.

[588] Ahnenvermögen, Ziff. 1.1 unten.

[589] Chinesisch: 祭田 chi t'ien oder 祀產 chi ch'an. Zum Umfang vgl. S. 34.

[590] Tai Yen-hui, „Geschichte des Personenrechts Chinas“, S. 12. In der taiwanesischen Sonderform der 丁仔會 ting tsai hui wird neben der Ahnenverehrung auch wirtschaftlicher Nutzen erstrebt, dito, S. 13.

[591] Für Claneigentum TS., S. 560; Freedman, aaO., S. 11. Das gilt insbesondere dann, wenn verschiedene Familienlinien abwechselnd das Ahnenvermögen verwalten, Hong Kong Government, Sessional Papers (1900), S. 268.
Man kann das Ahnenvermögen als Stiftung ansehen entsprechend den antiken „Totenkultstiftungen“, Bruck, Totenteil und Seelgerät im griechischen Recht, S. 163, 223f.

[592] S. 37. Auch zu Beginn der Volksrepublik China wurde ein Erbrecht am Ahnenvermögen als „custom of the masses“ anerkannt. v. d. Valk, aaO., S. 320.

angesehen[593]. Diese Lösung wird einem angebrachten Mißtrauen gegenüber dem Sakralerben gerecht.

Sicherlich ist das Ahnenvermögen ein zweckgebundenes, treuhänderisches Eigentum. Der Sakralerbe oder alle Erben gemeinsam können grundsätzlich das Ahnenvermögen nicht an Dritte übertragen. Das Gesetz hat solche Verfügungen unter strenge Strafe gestellt[594]:

„Jeder Deszendent, der rechtswidrig[595] Ahnenvermögen von der Größe von 50 Mou verkauft, wird nach den Bestimmungen für diejenigen, die Gräber ihrer Vorfahren übertragen und rechtswidrig[596] verkaufen, in militärische Verbannung an eine entfernte Grenze geschickt.

Wenn die Grundstücke nicht die Größe von 50 Mou erreichen, oder es sich um ‚Wohltätigkeitsfelder'[597] handelt, wird nur entsprechend den Bestimmungen über den rechtswidrigen Verkauf von ‚Regierungsfeldern' bestraft[598].

Wer rechtswidrig einen seit langer Zeit errichteten Ahnentempel verkauft, erhält, falls (der Tempel) nur ein Zimmer umfaßt, 70 Schläge mit dem großen Stock, für je 3 Zimmer mehr wird die Strafe um ein Grad verschärft bis zur Grenze von 100 Schlägen mit dem großen Stock und 3 Jahren Exil. Bösgläubige Käufer erhalten die gleiche Strafe.

Diese Häuser und das Vermögen fallen an den Clanvorstand[599] zur Verwaltung zurück, der Kaufpreis wird von der Regierung eingezogen (usw.)."

Da das Ahnenvermögen unter diesen strengen Strafbestimmungen steht, stellt das Gesetz für die Errichtung von Ahnenvermögen Formvorschriften auf. Die Errichtung ist auf einem Stein einzugravieren oder in öffentlicher Urkunde niederzulegen; zugleich ist der lokale Verwaltungsbeamte zu benachrichtigen[600].

---

[593] TS., S. 577. So auch in Hongkong, Hong Kong Government, Sessional Papers (1900), S. 268; und der Oberste Gerichtshof der Republik China (Ta li yüan) nach Tai Yen-hui, „Geschichte des Personenrechts Chinas", S. 13.

[594] Ch'ing-Codex, Buch III (Familie) Abschnitt Grundbesitz; Boulais, aaO., S. 243, Ziff. 501 mit etwas abweichender Übersetzung.

[595] Eigentlich „betrügerisch" 朦朧 meng lung.

[596] Eigentlich „lügnerisch" 捏 nieh.

[597] Chinesisch: 義田 i t'ien, siehe S. 93f.

[598] Chinesisch: 官田 kuan t'ien. Strafe dafür: verschärfte Prügel; Boulais, aaO., S. 242, Ziff. 498.

[599] Chinesisch: 族長 tsu chang.

[600] Vgl. Boulais, aaO., S. 243, Ziff. 501.

Allerdings gibt es die Möglichkeit, bei wichtigem Grund[601] durch einstimmige Erklärung der Erben oder durch Entscheidung des lokalen Verwaltungsbeamten das Ahnenvermögen zu teilen[602].

1.2 Anteil des „ältesten Enkels“[603].

Sachen oder Geld können bei der Auseinandersetzung auf den ältesten Sohn der Hauptfrau des ältesten Sohnes der Hauptfrau des Erblassers übertragen werden. Dies ist eine Sitte begüterter Familien, die nicht im Gesetz geregelt, aber für Taiwan in dem Material belegt ist[604]. Wie der Zusatz-Anteil des Sakralerben[605] scheint diese Gewohnheit ein Überrest eines archaischen Erstgeburtsrechts in China zu sein.

Schon vor Geburt des „ältesten Enkels“ kann dieses Vermögen auf den ältesten Sohn als Vorerben übergehen[606]. Wenn der „älteste Enkel“ noch nicht selbst Familienchef ist, wird dieser Anteil sein Privatvermögen[607].

1.3 Heirats- und Unterhaltsgeld

Befinden sich in der Generation der Erben unverheiratete Personen (Männer oder Frauen), so wird manchmal gewohnheitsrechtlich Vermögen zur Bestreitung ihrer Heiratsausgaben bereitgestellt. Dieses Vermögen umfaßt die zeremoniellen Ausgaben bei der Hochzeit und die Mitgift für Töchter[608]. Es wird Privatvermögen der empfangenden Person und kann von den Töchtern mit in die Familie ihres Gatten hinübergenommen werden.

Die Quelle klärt nicht eindeutig die Frage, ob der Mitgiftanspruch der Tochter gegen den verstorbenen Vater auch gegenüber den Brüdern wirksam bleibt.

Es kann auch Vermögen bereitgestellt werden für den Unterhalt von Witwen oder unverheirateten Töchtern, solange sie die Familie noch nicht verlassen haben. Die entsprechenden Unterhaltspflichten des Erblassers gehen auf die Erbengemeinschaft über.

1.4 Altenteil und „Wohltätigkeitsfeld“

Die Erbengemeinschaft stellt bei Auseinandersetzung häufig Vermögen in Form von Bargeld, Grundstücken oder Nutzungsrechten für

---

601 Z. B. Verarmung der Familie, Unfähigkeit des Verwalters, TAI Yen-hui, „Geschichte des Personenrechts Chinas“, S. 13.

602 Diese Aufweichung der klassischen Norm ist auch für Hongkong belegt, Hong Kong Government, Sessional Papers (1900), S. 268.

603 Chinesisch: 長孫額 chang sun eh.

604 Beispiele in TS. Anhang, S. 342ff., vgl. auch TS., S. 579.

605 S. 37.

606 TS., S. 579.

607 Anderer Ansicht TAI Yen-hui, aaO., S. 34: „zusätzlicher gesetzlicher Erbteil der Familie des Vaters des ‚ältesten Enkels‘“.

608 JAMIESON, aaO., S. 202; falsch E. GANS, aaO., S. 119, der meint, „in China existiert keine dos“. Ein chinesischer Name für Mitgift in TS. Anhang, S. 349f.: „Nadel-Haarblumen-Puder-Geld“.

Altersversorgung und Begräbnis von Familienmitgliedern bereit[609]. Dazu sind die Erben den Aszendenten gegenüber aus kindlicher Ehrerbietung verpflichtet. Wählen sie bei Teilung der Erbmasse nicht diesen Weg über ein Sondervermögen, so hat der Aszendent das Recht, im Haushalt der Deszendenten seinen Unterhalt zu beziehen.

Da Taiwanesen wie alle Chinesen ein prunkvolles Begräbnis lieben, das Ruhm auf die ganze Familie ausstrahlt, wird beim Tod des Bedachten der Altenteil meist ganz für die Begräbniskosten verbraucht.

Manchmal errichten die Erben Stiftungen, die die Versorgung armer, alleinstehender Familienmitglieder sichern und so auch den Ruf der Gesamtfamilie vor Schaden bewahren („Wohltätigkeitsfeld“). Die Formen der als „Wohltätigkeitsfeld“ bezeichneten Sondervermögen sind nicht präzis bestimmt[610] und die Zwecke überschneiden sich oft[611].

1.5 „Ehrenteil“[612]

Ein Erbe, der sich um die Familie verdient gemacht hat, kann bei der Teilung eine besondere Vermögenszuwendung erhalten[613].

Oft geht das „Ehrenteil“ auch an Verwandte, die nicht Erben sind.

2. Schuldentilgung

In den Beispielen des TS. von Auseinandersetzungen nach taiwanesischem Gewohnheitsrecht wurden vor Aufteilung des Nachlasses die Schulden der Familie zurückgezahlt[614]. Da bis dahin die Vermögenswerte des Nachlasses in der Gesamthandgemeinschaft verblieben sind, wird eine Gläubigergefährdung vermieden.

3. Teilung des Familienvermögens

Sie wird im TS. als„ Teilung durch Los“[615] bezeichnet und geht nach folgendem Verfahren vor sich:

---

609 Chinesische Namen sind: 養贍財產 yang shan ts'ai ch'an „Unterhaltsvermögen“ (TAI Yen-hui, aaO., S. 36), 義田 i t'ien „Wohltätigkeitsfeld“, 義莊 i chuang „Friedhofsfreiplatz“ (TAI Yen-hui, „Geschichte des Personenrechts Chinas“, S. 8ff.).

610 TAI Yen-hui, aaO., S. 36 spricht sowohl von „Stiftungen“ als auch von „Verein“, als auch von Privatvermögen.

611 Insbesondere ähnelt die Zweckbestimmung dem Unterhaltsgeld (oben S. 93), das für Witwen und unverheiratete Töchter bereitgestellt wird. Manchmal werden die Einkünfte aus dem „Wohltätigkeitsfeld“ auch zur Finanzierung der Ahnenverehrung benutzt, ein Zweck, dem in erster Linie das Ahnenvermögen (oben S. 91) dient.

612 Chinesisch: 功勞額 kung lao eh.

613 Beispiel TS. Anhang, S. 342, TS., S. 582.

614 TS. Anhang, S. 340, 349f.; vgl. § 2046 I deutsches BGB.

615 Chinesisch: 鬮分 chiu fen. Für Losteilung im deutschen Recht vgl. BGB. § 752, 2; auch schon im germanischen Recht CONRAD, Deutsche Rechtsgeschichte, 2. Auflage, I. Bd. 1962, S. 416.

3.1 Die Zahl der Erbteile wird festgestellt.
3.2 Der Wert des zu teilenden Familienvermögens wird geschätzt.
3.3 Es wird in gleiche Teile geteilt.
3.4 Durch Los werden den einzelnen Erben ihre Anteile zugesprochen[616].
3.5 Die Teilung wird beurkundet[617].

3.1 Voraussetzung für die Feststellung der Erbanteile ist, daß die Zahl der Erben feststeht. Wenn ausnahmsweise die Auseinandersetzung vor Ablauf der Trauerzeit gestattet ist, sollte diese jedenfalls hinausgeschoben werden, wenn die Geburt eines weiteren Miterben zu erwarten ist. Nachträgliche Legaladoptionen[618] sollten durchgeführt sein, *bevor* zur Auseinandersetzung geschritten wird.

Wenn vor dem Erbfall oder vor Auseinandersetzung einer der Erben verstorben ist, sind drei Möglichkeiten zu unterscheiden. Hat er Nachkommen, so erhalten diese nach dem Grundsatz der Repräsentation[619] den Anteil des Verstorbenen. Hat er keine Nachkommen, dann kann seine Frau vorübergehend bis zur Bestellung eines Legaladoptivsohnes den Erbteil erhalten[620]. In den anderen Fällen, in denen Nachkommen des Verstorbenen fehlen, erhöht sich der Anteil der Miterben. Das ist eine logische Folge der Gesamthandgemeinschaft.

3.2 Der Wert der zum Familienvermögen gehörenden Gegenstände wird nach folgenden Grundsätzen bestimmt:

a) für Grundstücke nach der Höhe der Pachtsumme[621], die vom Pächter bezahlt wird; wenn es nicht verpachtet ist, soll ein „angemessener" Wert angesetzt werden;
b) für Gebäude ist nach Bauart, Belegenheit, Verwendungszweck (z. B. als Laden) der zur Zeit bestehende Wert festzusetzen;
c) wenn auf Grundstücken oder Gebäuden Hypotheken[622] lasten, wird der Wert des Grundstückes oder Gebäudes im Zeitpunkt der Befriedigung des Hypothekengläubigers angesetzt, vermindert um die zur Schuldtilgung verwendete Summe;
d) für Forderungen wird bei zweifelhafter Bonität des Schuldners oft ein geringerer Wert als die nominelle Schuldsumme angesetzt. Im übrigen hat der Erbe, dem die Forderung zugeteilt wird, einen Verlust bei Forderungseinziehung selbst zu tragen.

---

[616] Die Losteilung entfällt, wenn die Anteile unbedeutend sind, TS., S. 577.
[617] Der Ansicht von Betz, aaO., S. 372, daß es keine Formvorschriften gebe, kann hiernach für das chinesische traditionelle Recht nicht zugestimmt werden.
[618] Abschnitt 4.3.4.3, oben S. 49f.
[619] S. 75.
[620] S. 79f., TS., S. 571.
[621] Hier im Text genannt 租谷 tsu ku, TS., S. 584.
[622] Hier genannt 承典 ch'eng tien.

3.3 Anschließend werden die Teile festgesetzt. Es sind grundsätzlich gleiche Teile[623].

Wenn wegen der Natur der Vermögensgegenstände ohne Wertverminderung keine gleichen Teile festgesetzt werden können, muß derjenige, der mehr erhält, den anderen in Geld oder Reis entschädigen.

Von einer Ausgleichspflicht für Zuwendungen, die Erben vom Erblasser zu dessen Lebzeiten erhalten haben, spricht die Quelle nicht[624].

3.4 Wenn die Anteile festgesetzt sind, versammelt sich die Familie an einem vom Astrologen bestimmten glückbringenden Tag, verbrennt Weihrauch vor den Geistern der Ahnen und kündigt ihnen mit rituellen Verbeugungen die bevorstehende Teilung an. Für jeden Anteil wird eine Ziffer oder ein Schriftzeichen auf ein Papierstück geschrieben und die Papierzettel werden zusammengerollt in einen Topf getan.

An diesem Topf, der vor den Ahnentafeln der Vorfahren steht, geloben die Erben, daß sie nicht selbstsüchtig sein wollen. Dann nimmt jeder Erbe mit Eßstäbchen jeweils einen Zettel heraus und erhält den entsprechenden Anteil.

3.5 Vor der Ziehung der Lose sind Teilungsdokumente[625] aufgesetzt worden. Nach der Ziehung schreiben die Erben ihren Namen zu dem entsprechenden Anteil und jeder Erbe erhält ein Dokument.

Das Teilungsdokument enthält:

a) die Namen derer, die es errichten; bei Teilung zu Lebzeiten des Erblassers oder durch Testament ist es nur der Erblasser, sonst die Erben;
b) die Namen aller Erben;
c) die Namen der Zeugen;
d) die Angabe der vor der Teilung abgesonderten Sondervermögen;
e) die Angabe der Aktiva und Passiva, die auf jeden Erben entfallen;
f) die Entscheidung, wer Vertragsurkunden über Gegenstände, die das ehemalige Familienvermögen betreffen, aufbewahren soll;
g) das Datum der Teilung; im allgemeinen wird nicht der Tag, sondern nur Jahr und Monat genannt;
h) die Namen anderer Beteiligter (z. B. des Schreibers).

Mit Vollzug der Teilung werden die bisher ideellen Anteile reelle Anteile und fallen in das alleinige Eigentum des jeweiligen Erben. Die Auseinandersetzung ist endgültig, wie in den Teilungsdokumenten meist ausdrücklich, zum Teil unter Anrufung von Göttern, erwähnt wird.

Erst mit der Teilung erlangt jeder Erbe ein verfügbares Recht. Weil in der traditionellen chinesischen Gesellschaft das Privatvermögen als

---

[623] Ausnahmen siehe Abschnitt 4.4.1.3.4, S. 82.

[624] Vgl. § 2050 I deutsches BGB.

[625] Chinesisch: 鬮書 chiu shu, TS., S. 585.

Ausnahmefall aufgefaßt wurde, wird in den Teilungsdokumenten die nunmehr eingetretene Trennung der Vermögen hervorgehoben.

Die freie Verfügungsmacht der Erben über ihre Anteile ist nach allgemeinen Grundsätzen allerdings in doppelter Hinsicht beschränkt:
1. durch Gehorsamspflichten der Junioren gegenüber den Senioren,
2. durch die Verpflichtung, vor einer Verpfändung oder dem Verkauf den Gegenstand Familienmitgliedern anzubieten[626].

4.4.1.3.6.3 Erbenhaftung nach Auseinandersetzung

Wenn die Schulden bei der Teilung des Nachlasses pflichtgemäß getilgt wurden, besteht die Frage der Schuldenhaftung nicht mehr. Der Gedanke des Gläubigerschutzes verlangt jedoch nach Lösungen auch für die Fälle, in denen Schulden übersehen oder nicht beglichen wurden.

Schulden, die nicht getilgt wurden, können bei der Auseinandersetzung von einem Erben übernommen werden. Die Quelle beschreibt die Wirkungen dieser Schuldübernahme erstaunlich ähnlich dem § 415 BGB.[627]. Die Schuldübernahme ist dem Gläubiger mitzuteilen. Falls dieser nicht protestiert, gilt die Übernahme als genehmigt mit der Folge, daß sich der Gläubiger nunmehr nur noch an den Übernehmer halten kann. Fehlt die Benachrichtigung oder protestiert der Gläubiger, so kann er sich auch an die anderen Erben halten. Für Taiwan nennt die Quelle die Gewohnheit, den Schuldübernehmer durch den Gläubiger bestimmen zu lassen.

Meist wird bei der Schuldübernahme durch einen Erben dessen Anteil um die geschuldete Summe unter Berücksichtigung der Zinsen erhöht.

Hat kein Erbe die Schuld übernommen, dann haften die Erben „gemeinsam“[628]. Die Gläubiger können Zahlungen von der „Gesamtkörperschaft der Erben“ verlangen[629], wie es wörtlich in der Fundstelle heißt. Die Quelle spricht nicht von einer Aufteilung der Schulden. Eine teilschuldnerische Haftung nach Auseinandersetzung, wie sie aus dem Gedanken der Nachlaßteilung naheliegen würde, ist hiernach abzulehnen[630]. Im traditionellen China wird für Schulden, die pflichtwidrig bei Auseinandersetzung nicht zurückgezahlt wurden, die Erben-

---

[626] S. 64.

[627] TS., S. 589.

[628] TS., S. 589, chinesisch: 共同 kung t'ung.

[629] TS., S. 590, chinesisch: 承繼人全體 ch'eng chi jen ch'üan t'i.

[630] Fehl gehen Betz, aaO., S. 372; Siao, aaO., No. 12, S. 80; Suen, aaO., S. 122/23 (die von teilschuldnerischer Haftung sprechen), soweit sie das traditionelle China meinen. Auf alle diese Autoren trifft der Vorwurf zu, daß sie traditionelles und modernes Recht nicht klar scheiden.

gemeinschaft als fortbestehend angesehen[631]. Damit werden die Gläubigerinteressen geschützt. Sofern nicht ein einzelner Erbe die Schuld übernommen hat, bleibt eine gesamtschuldnerische Haftung der Erben wie vor Auseinandersetzung bestehen[632].

Im Verhältnis zueinander tragen die Erben die Schuld entsprechend dem Verhältnis ihrer Anteile.

4.4.1.4 Testamentarische Erbfolge in das Familienvermögen

Trotz erheblicher Bedenken wird in der Darstellung des chinesischen traditionellen Vermögenserbrechts der Ausdruck „Testament" benutzt, da diese Bezeichnung dem europäischen Leser als grundlegend für die Gliederung des Vermögenserbrechts vertraut ist[633].

Äußerlich ähnelt ein chinesisches Testament[634], besonders wenn der letzte Wille des Erblassers in Schriftform niedergelegt ist, durchaus einem europäischen Testament. Jedoch kann im chinesischen traditionellen Testament nur insoweit frei verfügt werden, als es Privatvermögen betrifft[635].

Über das Familienvermögen können durch Testament Verfügungen nur in dem begrenzten Rahmen getroffen werden, den das Gesetz zuläßt. Die gesetzliche Erbfolge kann im traditionellen China nicht durch Testament geändert werden[636]. Die Erben des Familienvermögens

---

[631] Vgl. Bünger, Chin. BGB., S. 92, siehe auch deutsches BGB., § 2060.

[632] Oben S. 70.

[633] Im Sakralerbrecht ist die Bezeichnung „Testament" überhaupt vermieden worden (S. 41).

[634] Gebräuchliche chinesische Ausdrücke sind: 遺言 i yen (Mathews' No. 2995), ein Ausdruck, den der Ch'ing-Codex benutzt; 遺命 i ming, ebenfalls benutzt im Ch'ing-Codex; sowie 遺摺 i che (Mathews' No. 271); 遺書 i shu (Boulais, aaO., S. 203); 遺囑 i chu (Mathews' No. 5896); 遺稿 i kao (Mathews' No. 3293). Vgl. auch Huang Yu-ch'ang, Etude des régimes successoraux in: Bulletin de littérature et de droit, Université l'Aurore, Shanghai, No. 10 (1926), S. 115.

Ein Testament, das Teilung durch Los behandelt, heißt auch: 鬮書 chiu shu, 分書 fen shu, 分關 fen kuan, Tai Yen-hui, aaO., S. 36.

[635] Testament über Privatvermögen siehe Abschnitt 4.4.2. S. 101.

[636] Bünger, Chin. BGB., S. 90, so auch Eitel, aaO., S. 151; Jamieson, aaO., S. 202; Strickland-Report, Hongkong, 1953, S. 17; 16 Hong Kong Law Reports, p. 438 (mit Sachverständigenaussage von Vermier Y. T. Chiu); abweichend, allerdings ohne Beleg Tai Yen-hui, aaO., S. 35. O. Franke zieht aus dem obigen Grundsatz den etwas zu weitgehenden Schluß, daß es überhaupt kein „Testament im rechtlichen Sinne" in China gebe (Die Rechtsverhältnisse am Grundeigentum in China, Leipzig 1903, S. 48).

sind im Gesetz zwingend bestimmt[637]. Insoweit darf das Testament nur erklären, was sowieso rechtens ist. Eine institutio heredis mit der konstitutiven und für die Gültigkeit auch der anderen testamentarischen Verfügungen entscheidenden Kraft wie im römischen Recht[638] gibt es in China nicht.

Ebenso wie bei der Legaladoption hat der Erblasser die Rangfolge der Verwandten einzuhalten. Die Einsetzung eines Erben für das Familienvermögen durch Testament ist im traditionellen China eine Untergruppe der Legaladoption: sie ist die Legaladoption von Todes wegen[639].

Der Konflikt zwischen gesetzlicher und gewillkürter Erbfolge, der in Deutschland durch den Pflichtteil gelöst ist, tritt im traditionellen China nicht auf, da die gesetzliche Erbfolge herrscht. Familienfremde können nicht bedacht werden.

Das Testament hat in China seinen Geltungsgrund in der dem Erblasser als Aszendenten oder Senior geschuldeten Gehorsamspflicht. Es regelt oft nur Detailfragen[640]. An wichtigen Verfügungen kann es enthalten:

a) Gestattung der Aufteilung des Familienvermögens während der Trauerzeit[641];
b) Festlegung von Sonderzuwendungen an Familienmitglieder[642];
c) Enterbung[643];
d) Legaladoption[644];
e) Bestellung eines Nachlaßverwalters, der die Legaladoption durchführen soll[645].

Auf die unter a) aufgeführte Erbteilung während der Trauerzeit steht grundsätzlich eine Strafe von 80 Schlägen mit dem großen Stock[646].

---

637 TS., S. 594. Auch in der Volksrepublik China kann man grundsätzlich nicht von Testierfreiheit sprechen (vgl. v. d. Valk, aaO., S. 343). Im BGB. der Republik China gilt die Testierfreiheit nur eingeschränkt (§ 1143): nur beim Fehlen von Nachkommen (Bünger, Chin. BGB., S. 90, 266).

638 Vgl. Jörs-Kunkel, Römisches Privatrecht. S. 321.

639 Die enge Beziehung zwischen Testament und Adoption ist aus anderen alten Rechten bekannt: Römisches Recht (Jörs-Kunkel, aaO., S. 309), vorhellenistische Zeit Griechenlands (E. F. Bruck, aaO., S. 272), Hindurecht (Maine, aaO., S. 193).

640 Eitel, aaO., S. 151; 16 Hong Kong Law Reports, p. 439 (mit Zitat Strickland-Report, S. 17).

641 TS., S. 593.

642 Ziff. 1.2—1.5 oben S. 93f., Beispiele: 6 H. K. L. R., p. 165.

643 Abschnitt 4.4.1.3.3, S. 81f.

644 TS., S. 594.

645 TS., S. 595.

646 S. 58.

Ausnahmsweise gestattet aber der offizielle Kommentar ausdrücklich die vorzeitige Teilung „gemäß Testament“[647]. Insofern ist die an anderer Stelle von Boulais[648] und von Eitel[649] geäußerte Ansicht unrichtig, daß „nirgends im Ch'ing-Codex oder in den Statuten der Ch'ing-Dynastie vom Testament die Rede sei“.

Diese letztwilligen Verfügungen (Buchstaben a—e) gelten jedoch nur in den gesetzlichen Grenzen, die bei der Intestaterbfolge behandelt wurden[650]. Testamente, die von der gesetzlichen Erbfolge abweichen, werden auf Klage vom Richter aufgehoben[651].

Ein Testament kann von Beamten wie auch von einfachen Bürgern errichtet werden. Das ist ausdrücklich in den „Riten der Ch'ing“ gesagt[652]. Jede geschäftsfähige Person kann ein Testament errichten[653]. Ein Testament kann jederzeit errichtet werden[654].

Es kann mündlich oder in Schriftform errichtet werden[655]. In Taiwan wurde das Testament meist von einem Schreiber in Gegenwart von Testator und von Zeugen niedergeschrieben. Die Gegenwart von Zeugen ist nicht zwingend vorgeschrieben[656].

Das Testament steht im traditionellen China nicht unter Formzwang, was sich aus seiner geringen Bedeutung erklären kann. Gemäß der Quelle sollen in einem schriftlichen Testament folgende Bestandteile enthalten sein[657]:

a) Name des Errichtenden,
b) Zweck des Testaments,
c) Einzelregelungen,
d) Namen der Zeugen und des Schreibers,
e) Anzahl der Abschriften des Testaments und Name des Verwahrers,
f) Datum der Testamentserrichtung.

---

647 Boulais, aaO., S. 198, Ziff. 410; Jamieson, aaO., S. 197. Chinesisch: 奉遺命 feng i ming.
648 aaO., S. 202.
649 aaO., S. 150f.
650 Oben S. 71.
651 Zwei chinesische Urteile dazu bei Alabaster, aaO., S. 192—194.
652 Chinesisch: 大清通禮 Ta Ch'ing T'ung Li, Abschnitt „Trauerriten für Beamte“ 凶禮官員 hsiung li kuan yüan, und im Abschnitt „Beamte und einfache Bürger“ 庶士庶人 shu shih shu jen. Chinesischer Text TS., S. 593.
653 TS., S. 594.
654 TS., S. 594.
655 TS., S. 595; 16 Hong Kong Law Reports, p. 438f., p. 446 mit Zitaten; Eitel, aaO., S. 151.
656 TS., S. 595; 16 Hong Kong Law Reports, p. 439. Falls Zeugen vorhanden sind, sind sie in Taiwan oft Verwandte der Frauenseite, Beispiel TS. Anhang, S. 309.
657 TS., S. 595.

Das Testament wird wirksam mit dem Tod des Erblassers[658]. Bis dahin ist es widerruflich. Falls Bestimmungen des Testaments Teil eines Vertrages zwischen dem Erblasser und einem Begünstigten geworden sind, kann der Erblasser das Testament insofern nur noch mit Zustimmung des Bedachten ändern[659].

4.4.2 *Erbfolge in das Privatvermögen*

Das chinesische traditionelle Recht betrachtet Privatvermögen als Ausnahme[660]: Privatvermögen ist, was nicht zum Familienvermögen oder Ahnenvermögen gehört[661]. Familien- und Ahnenvermögen werden durch Zusammenarbeit der Familienmitglieder in der Folge von Generationen aufgebaut. Das Privatvermögen dagegen sind besondere Gegenstände, die ein Familienmitglied zur eigenen Verwendung erwirbt. Grundbesitz ist grundsätzlich nicht Privat-, sondern Familienvermögen. Da sich das klassische System der Familienzusammenarbeit am Ende des 19. Jahrhunderts auflöste, behielten in immer größerem Umfang Familienmitglieder ihren Arbeitsverdienst und andere Zuwendungen als Privatvermögen.

Die Quelle gibt in den folgenden Ausführungen vorwiegend taiwanesisches Gewohnheitsrecht wieder. Privatvermögen kommt nur vor bei Familienmitgliedern, die nicht Familienchef sind[662]. Dem Familienchef gehört das gesamte Familienvermögen als sein „privates Vermögen".

Hauptfälle von Privatvermögen sind:

1. Privatvermögen von *Söhnen*
   a) Heiratsgeld (dieses kann auch schon vor der Heirat an den Sohn übertragen werden),
   b) Anteil des „ältesten Enkels"[663],
   c) Beamtengehälter[664],
   d) Ersparnisse aus eigener Arbeit;
2. Privatvermögen von *Adoptivschwiegersohn* und *Adoptivehemann*[665];
3. Privatvermögen von *Gattinnen* und *Konkubinen*;
4. Privatvermögen von *Töchtern*[666]

---

[658] TS., S. 596.

[659] TS., S. 596.

[660] Siehe oben S. 56. Unzutreffend sind EITELS Ausführungen (aaO., S. 151f.): „Chinese law knows ... no personal property, but only the family, family rights, family property; ...".

[661] TS., S. 561.

[662] TS., S. 592f.

[663] Siehe oben S. 93.

[664] TAI Yen-hui, aaO., S. 37.

[665] TS., S. 592.

[666] TS., S. 593.

a) Mitgift (diese kann auch schon vor der Heirat an die Tochter übertragen werden),
b) Abfindung vom Ehegatten bei Scheidung,
c) Ersparnisse aus eigener Arbeit;

5. Unterhaltsvermögen[667].

Privatvermögen wird in eigenem Namen erworben[668]. Gattinnen und Junioren sind in der Verfügung beschränkt. Sie dürfen über ihr Privatvermögen nur mit Zustimmung des Gatten bzw. der Senioren verfügen[669].

Für das Privatvermögen gilt, anders als für das Familienvermögen, keine gesetzlich streng geregelte Erbfolge. Grundsätzlich entscheidet der verfügungsberechtigte Eigentümer frei darüber durch Testament[670]. Mit besserem Recht als beim Familienvermögen kann man hier von „Testament" sprechen. Der Eigentümer des Privatvermögens unterliegt nicht den in Abschnitt 4.4.1.3.3 S. 81 genannten strengen Voraussetzungen, wenn er eine Person übergehen will.

Während die testamentarische Erbeinsetzung in das Familienvermögen der Legaladoption ähnelt, gleicht das Testament über Privatvermögen einer Schenkung von Todes wegen.

Allerdings stellt auch hier die Sitte einen bestimmten Kreis von zu bedenkenden Personen auf, und es werden nur selten Beispiele für Verfügungen an Familienfremde vorkommen.

Das Testament über Privatvermögen ist formfrei.

Fehlt ein Testament, so gelten folgende Regeln: Das Privatvermögen von Söhnen fällt an ihre Nachkommen und nicht an ihren Vater. Dies folgt aus dem Grundsatz des chinesischen traditionellen Rechts, daß Deszendenten bevorzugt erben. Mangels Nachkommen geht das Privatvermögen an die Brüder[671].

Bei unverheirateten Töchtern fällt das Privatvermögen an ihren Vater und, wenn dieser nicht mehr lebt, an ihre Brüder[672].

Das Privatvermögen einer verheirateten Frau fällt in erster Linie an ihre Söhne[673], dann an ihren Gatten[674].

Somit gibt es auch im chinesischen traditionellen Recht einen Bereich, in dem der Wille des Individuums im Sinne einer, wenn auch begrenzten Testierfreiheit regiert: das Privatvermögen.

---

667 S. 93, Ziff. 1.3.
668 TS., S. 561.
669 TS., S. 561.
670 TS., S. 592, 549.
671 TS., S. 549.
672 TS., S. 593.
673 TS., S. 549.
674 TS., S. 549, ungenau Betz, aaO., S. 372.

ANHANG 1

Tabelle der chinesischen Dynastien

Hsia-Dynastie	angeblich	2205—1766 v. Chr.
Shang-(oder Yin-)Dynastie	angeblich	1766—1122 v. Chr.
Chou-Dynastie		1122—255 v. Chr.
Ch'in-Dynastie		255—206 v. Chr.
Han-Dynastie		206 v. Chr.—220 n. Chr.
„Drei Reiche"		220—265/285 n. Chr.
Chin-Dynastie		265—420 n. Chr.
„Südliche und Nördliche Dynastien"		420—588 n. Chr.
Sui-Dynastie		589—618 n. Chr.
T'ang-Dynastie		618—907 n. Chr.
„Fünf Dynastien"		907—960 n. Chr.
Sung-Dynastie		960—1279 n. Chr.
Yüan-(Mongolen-)Dynastie		1260—1368 n. Chr.
Ming-Dynastie		1368—1644 n. Chr.
Ch'ing-(Mandschu-)Dynastie		1644—1911 n. Chr.

ANHANG 2

Die Geltung chinesischen traditionellen Rechts in Hongkong[675]

1. Rechtsgrundlagen

Hongkong ist eine britische Kronkolonie, die von England am 26. 1. 1841 in Besitz genommen wurde. China trat sie im Vertrag von Nanking am 26. 6. 1842 an die britische Krone ab. 1899 wurde die Kolonie erweitert um die New Territories of Hong Kong, die England vom Kaiserreich China auf 99 Jahre pachtete und in denen das gleiche Recht wie in den anderen Gebieten der Kolonie gilt[676].

Seit 1842 gelten englische Gesetze in Hongkong, soweit sie Hongkong ausdrücklich umfassen[677]. Das gesamte englische Recht, das vor 1843 galt, wurde durch lokale Gesetzgebung Hongkongs für anwendbar erklärt. Das bestimmt Section 5 der Supreme Court Ordinance von 1873: „5. Such of the laws of England as existed when the Colony obtained a local legislature, that is to say, on the 5th day of April, 1843, shall be in force in the Colony, except so far as the said laws are inapplicable to the local circumstances of the Colony or of its inhabitants and except so far as they have been modified by laws passed by the said legislature.“

Diese Gesetzesstelle kann zugleich als die Rechtsgrundlage für die Geltung chinesischen Rechts in Hongkong angesehen werden.

Denn chinesisches Recht gilt in Hongkong fort, soweit englisches Recht unanwendbar ist. Die Fortgeltung lokalen Rechts ist aber ein allgemeiner Grundsatz britischen Kolonialrechts, der schon in der Proklamation des Kapitäns Charles Elliot vom 2.2.1841 erscheint: „. . . And I do hereby declare and proclaim, that, pending Her Majesty's further pleasure, the natives of the Island of Hong Kong and all natives of China thereto resorting, shall be governed according to the laws and customs of China, every description of torture excepted . . .[678]“

Das chinesische Recht blieb in der Form anwendbar, die es vor der vertraglichen Abtretung, d. h. vor 1842 hatte[679].

---

[675] Vgl. D. E. Greenfield, Marriage by Chinese Law and Custom in Hong Kong, in: The International and Comparative Law Quarterly, Band 7 (1958), London, S. 437ff.

[676] Gemäß Governor's Proclamation of April 8th, 1899 (Sessional Papers [1900], S. 262, Strickland-Report, S. 7).

[677] Greenfield, aaO., S. 438.

[678] Norton-Kyshe, The History of the Laws and Courts of Hong Kong, 1898, Bd. I, S. 4; Greenfield, aaO., S. 447.

[679] 10 H. K. L. R., p. 74, 75.

Somit gilt zur Zeit in Hongkong folgendes Recht:

1. englisches Gesetzesrecht nach 1842 mit ausdrücklicher Geltung für Hongkong,
2. das englische Recht aus der Zeit vor 1843[680],
3. chinesisches Gesetzes- und Gewohnheitsrecht aus der Zeit vor 1842[681],
4. seitdem erlassene Gesetze der Gesetzgebungsorgane Hongkongs.

Wenn in einer bestimmten Frage in Hongkong chinesisches Recht, wie es vor 1842 galt, angewendet werden soll, muß entweder

a) dies in einem Gesetz in Hongkong ausdrücklich bestimmt sein[682], oder

b) es muß nachgewiesen werden, daß in diesem Falle englisches Recht unanwendbar ist, wie oben in Section 5 ausgeführt[683].

Zur Erklärung des Wortes „unanwendbar" wird im allgemeinen die Auslegung herangezogen, die der Privy Council zu dem Fall „In Re Khoo Thean Tek's Settlements" für Singapore gegeben hat[684]:

„The modifications of the law of England which obtained in the Colony in the application of that law to the various alien races established there, arise from necessity of preventing injustice or oppression which would ensue if that law were applied to alien races unmodified."

Englisches Recht ist danach unanwendbar, wenn es zu Ungerechtigkeit oder Unterdrückung führt. Dies ist die engere Auslegung, die man für Hongkong als herrschend bezeichnen darf[685]. Es wäre allerdings auch möglich, Recht, das nicht zu Ungerechtigkeit und Unterdrückung führt, als unanwendbar zu bezeichnen.

Nach gegenwärtiger Handhabung ist die Anwendung chinesischen Rechts beschränkt auf Fragen, die den Status von Personen betreffen, insbesondere Familien- und Erbrecht[686], und die Anwendung ist beschränkt, wie hervorzuheben ist, auf „local inhabitants", d. h. Chinesen, die ihren Wohnsitz in Hongkong haben.

In den Fällen, in denen bisher in Hongkong chinesisches Recht von Gerichten angewandt wurde[687], geschah dies öfter, weil das engliche

---

680 Section 5, Supreme Court Ordinance, 1873.

681 10 H. K. L. R., p. 76 und 20 H. K. L. R., p. 5. Das heißt: Änderungen im chinesischen Recht auf dem chinesischen Festland haben keinen Einfluß mehr auf dieses „koloniale" chinesische Recht (Greenfield, aaO., S. 441). Nach dieser Ansicht ist ein großer Teil der chinesischen Ehen in Hongkong, die nach modernem chinesischem Recht geschlossen wurden, ungültig (Greenfield, aaO., S. 449).

682 Beispiele in: 10 H. K. L. R., p. 82 und 6 H. K. L. R., p. 183.

683 Strickland-Report, S. 5.

684 Jahr 1930, Appeal Cases 346; 6 L. R. P. C. 381. Greenfield, aaO., S. 439, Fußnote 8; Strickland-Report, S. 87.

685 Strickland-Report, S. 5.

686 Strickland-Report, S. 114, 10 H. K. L. R., p. 80: „the utter inapplicability of the Statute of Distributions to Chinese succession".

687 Zum Beispiel 6 H. K. L. R., p. 149; 10 H. K. L. R., p. 69 u. a. m.

Recht unanwendbar war „to the local circumstances ... of (the) inhabitants ...“ als „to the local circumstances of the Colony“[688].

2. Rechtspolitischer Ausblick

Wegen des Nebeneinanders westlicher und chinesischer Rechtssysteme besteht in gewissem Umfang in Hongkong Rechtsunsicherheit. Die englischen Richter, die nach schwierigen Betrachtungen die Entscheidung treffen, daß in einem Fall chinesisches traditionelles Recht gilt, sehen sich gezwungen, ein Recht anzuwenden, das ihnen kaum bekannt ist. An erster Stelle bestehen Sprachschwierigkeiten, da die Richter meist nicht die chinesische Sprache verstehen. Das chinesische traditionelle Recht, das vor 1842 galt, ist entweder in Gesetzbüchern in chinesischer Sprache enthalten oder als Gewohnheitsrecht unter der lokalen, chinesisch sprechenden Bevölkerung üblich oder üblich gewesen. Da nur ein verschwindend kleiner Teil des chinesischen Rechts in Kodifikationen schriftlich niedergelegt ist, werden die gutachtlichen Äußerungen von Sachverständigen herangezogen. Diese Sachverständigen sind meist chinesische Rechtsanwälte, die im Geiste modernen chinesischen Rechts erzogen wurden und nie unter dem chinesischen Recht von vor 1842 gelebt haben[689]. Es bestehen daher für die Richter große Schwierigkeiten, chinesisches Recht richtig anzuwenden.

Sicherlich war es großzügig und realpolitisch vorteilhaft, daß die britische Regierung den Chinesen 1841 die Weitergeltung ihres Rechts garantiert hat. Es ist aber fraglich, ob heute, nach über 100 Jahren, diese Rechtslage befriedigen kann.

In den anderen Teilen Chinas, der Volksrepublik China und der Republik China (Taiwan), ist durch gesetzgeberische Akte modernes Recht eingeführt worden, das auch in gewissem Umfang praktische Geltung erlangt hat[690]. In beiden Ländern gibt es beispielsweise, anders als in Hongkong, keine rechtmäßigen Konkubinen mehr. Im Strickland-Report[691] wird mit Recht bezweifelt, daß es den tatsächlichen sozialen Verhältnissen angemessen sei, in Hongkong, einer modernen Industriestadt, chinesisches Recht aus der Mandschu-Dynastie von vor 1842 weitergelten zu lassen. Der Großteil der chinesischen Bevölkerung ist nach 1945 als Flüchtlinge dorthin gekommen[692]. Viele sehen Hongkong als ihren ständigen Wohnsitz an. Ihnen gegenüber gelten nicht mehr die Erwägungen, nach denen Mitte des 19. Jahrhunderts der

---

688 Section 5, Supreme Court Ordinance von 1873.

689 Zutreffend über die Schwierigkeiten solcher Sachverständiger: GREENFIELD, aaO., S. 450.

690 Siehe Einleitung, oben S. 3f.

691 aaO., S. 39.

692 Klaus MÄDING, Wirtschaftswachstum und Kulturwandel in Hongkong, 1964, vgl. Abschnitt 1.3 dort.

Bevölkerung ein Recht belassen wurde, unter dem sie vor ihrer Zuwanderung gestanden hatte und dem sie sich weiter verbunden fühlte. So sind Bestrebungen im Gange, durch Gesetzgebung das bisher in Hongkong gültige, chinesische traditionelle Recht abzuschaffen oder zu ändern. Auf dem Gebiete des Erbrechts ist hierfür noch nichts geschehen. Jedoch hat die Regierung Anfang 1960 die Öffentlichkeit zur Diskussion des chinesischen Eherechts aufgefordert. Dies ist unter starker Beteiligung, insbesondere von seiten der unter chinesischem traditionellen Recht sehr benachteiligten Frauen geschehen.

Wahrscheinlich wird das alte chinesische Eherecht in Hongkong bald geändert. Eine anschließende Neuordnung des chinesischen Erbrechts ist in Aussicht genommen[693]. So wird bald Hongkong nicht mehr der einzigartige Platz sein, an dem heute noch das Recht der chinesischen Mandschu-Dynastie gilt. Um so mehr erschien es geboten, dieses chinesische traditionelle Recht in der gewohnheitsrechtlichen Ausprägung, die es in Hongkong gefunden hat, zur Kenntnis zu nehmen und, soweit möglich, in diese Untersuchung des chinesischen traditionellen Erbrechts einzuarbeiten.

---

693 Hong Kong Government (Hrsg.), Chinese Marriages in Hong Kong, 1960, S. 19, Ziff. 32.

ANHANG 3

Fortgeltung chinesischen traditionellen Erbrechts im Bürgerlichen Gesetzbuch der Republik China in Taiwan[694]

Die folgenden kurzen Bemerkungen ergänzen zwei Artikel aus den dreißiger Jahren[695], in denen die Frage der Kontinuität des chinesischen Rechts für das Grundstücksrecht (BÜNGER) und das Familienrecht (ESCARRA) besprochen wurde. Allerdings komme ich für das Erbrecht zu geringerer Kontinuität als die beiden genannten Autoren. Das mag auch darin begründet sein, daß heute der Überblick über die Rechtsentwicklung Chinas seit 1911 in einem längeren Zeitraum möglich ist und ein Teil der optimistischen Hoffnungen für die chinesische Rechtsentwicklung begraben ist, die man in den dreißiger Jahren noch haben konnte.

In der Einleitung (oben S. 3) ist ausgeführt worden, daß das moderne, westlich orientierte Bürgerliche Gesetzbuch der Republik China (Chin. BGB.) von 1929/31 einen starken Bruch mit der in Jahrtausenden entwickelten chinesischen Rechtstradition darstellt[696].

Das positive Gesetzesrecht des chin. BGB. enthält im Erbrecht nur geringe Überreste des chinesischen traditionellen Rechts:

Im chinesischen BGB. haben uneheliche Kinder ein Erbrecht gegenüber ihrem Vater wie eheliche Kinder[697].

Nach § 1149 chin. BGB. erhalten Konkubinen Zuwendungen aus dem Nachlaß.

---

[694] Aufgrund des chinesischen BGB. von 1929/31 nach der Übersetzung und Kommentierung von K. BÜNGER, Zivil- und Handelsgesetzbuch sowie Wechsel- und Scheckgesetz von China (zitiert: Chin. BGB.), Marburg 1934.
Für die Volksrepublik China vgl. V. D. VALK, Inheritance, China, 1961.

[695] K. BÜNGER, Alte chinesische Rechtsgedanken im modernen chinesischen Grundstücksrecht in: Sinica, Bd. VIII (1933), S. 176—182.
J. ESCARRA, Das chinesische Familienrecht in der alten Gesetzgebung und in der neuen Kodifikation in: Sinica, Bd. VIII (1933), S. 97—109.

[696] Deshalb wurde es von der chinesischen Bevölkerung nicht in vollem Umfang befolgt. 1961 war es möglich, in Taiwan Großfamilien von über hundert Personen zu finden, die ihr Zusammenleben im Sinne der traditionellen Normen gestalteten. Solches Verhalten ohne Bezug zum Gesetz oder sogar gegen das Gesetz mag im Geltungsbereich des chin. BGB. keine Seltenheit sein (Beobachtung des Verfassers bei P'uli in Taiwan, 1961).

[697] Vgl. S. 72, BÜNGER, Chin. BGB., S. 90, 80. Anders deutsches BGB., § 1589 II, vgl. auch § 1712 II.

Sind Blutsverwandte der geraden absteigenden Linie vorhanden, so gibt es keine Testierfreiheit.

§ 1143 chin. BGB. lautet:

„Wer keine Blutsverwandten der geraden absteigenden Linie hat, kann durch Testament einen Erben für sein gesamtes Vermögen oder einen Teil desselben einsetzen, soweit nicht die Vorschriften über den Pflichtteil entgegenstehen."

Diese Vorschrift ist ein Überrest traditioneller chinesischer Normen[698] und steht in deutlichem Gegensatz zu § 2303 deutsches BGB.

Etwas zahlreicher lassen sich außerhalb des Erbrechts im chin. BGB. Normen finden, die aus traditionellem Recht stammen. Soweit sie einen erbrechtlichen Bezug haben, seien sie hier genannt: In den §§ 1000, 1059 ff.[699] hat sich im chin. BGB. die Rechtsfigur des Adoptivschwiegersohns bzw. Adoptivehemanns[700] durchgesetzt.

Die Hausgemeinschaft als dauernde Lebensgemeinschaft von Verwandten und Personen, die keine Verwandten sind, enthielt erhebliche Elemente traditionellen chinesischen Rechts (§§ 1122 ff. insbesondere 1123 III chin BGB.[701]).

Auch der Familienrat (§§ 1129—1137 chin. BGB.) ist eine Institution, die aus dem traditionellen Recht stammt, allerdings im Gesetz modern, im einzelnen abweichend von der Tradition gestaltet worden ist.

Nicht Kontinuität mit traditionellem Recht, sondern ein entscheidender Einfluß des deutschen BGB. zeigt sich bei verschiedenen anderen Vorschriften des chinesischen BGB.:

§ 1140 chin. BGB. (Repräsentationsrecht),
§ 1151 chin. BGB. (Gesamthandgemeinschaft der Miterben),
§ 1153 chin. BGB. (Gesamtschuldnerische Haftung der Erben),
§§ 1189 und 1194 chin. BGB. (Formerleichterung für das Testament).

Aus der Entstehungsgeschichte des chin. BGB.[702] und dem Zusammenhang der Normen im Gesetz ergibt sich, daß hier deutsches Recht übernommen wurde, und die Ähnlichkeit mit verschiedenen, übrigens in ihren Einzelheiten umstrittenen Normen des chinesischen traditionellen Rechts eine geduldete Begleiterscheinung, aber nicht der Ursprung der Gesetzesvorschriften ist.

Das chin. BGB. hat hier die Regelung des deutschen BGB. aus den §§ 1924 III; 1757; 2032 und 2033 II; 2058 aufgegriffen. Wie sehr der

---

698 Siehe S. 98 f.

699 BÜNGER, Chin. BGB., S. 247 und 256.

700 Vgl. oben S. 74.

701 BÜNGER, Chin. BGB, S. 88, 264.
Sie wurde später „im Zuge der Modernisierung des Rechts gänzlich beseitigt": A. SCHNITZER, Vergleichende Rechtslehre, Bd. I, 1961, S. 385.

702 BÜNGER, Chin. BGB., S. 22.

Einfluß des deutschen BGB. überwiegt, zeigt beispielhaft der § 1171 II chin. BGB., in dem die auch in China herkömmliche gesamtschuldnerische Haftung der Miterben genau wie in § 2060 Nr. 2 deutsches BGB. auf fünf Jahr nach Teilung des Nachlasses beschränkt wird.

Bei 1189, 1194 chin. BGB. hat das Dreizeugentestament des § 2250 des deutschen BGB. Einfluß geübt. An diese Form lehnt sich das chin. BGB. im § 1194 an, wenn auch die engen Anwendungsgrenzen des § 2250 des deutschen BGB. nicht übernommen wurden.

§ 1194 chin. BGB. lautet[703]:

„Bei dem Testament durch Diktat bestellt der Testator mindestens drei Zeugen; der Testator erklärt mündlich seinen letzten Willen und läßt ihn durch einen der Zeugen niederschreiben, vorlesen und erläutern; nachdem der Testator seine Genehmigung erteilt hat, wird das Datum und der Familien- und Vorname des Schreibers vermerkt; alle Zeugen und der Testator unterschreiben gemeinsam; wenn der Testator nicht unterschreiben kann, wird statt dessen sein Fingerabdruck genommen."

Allerdings sind gerade in dieser letzten Gesetzesvorschrift auch Überreste eigener chinesischer Rechtstradition zu finden, da das traditionelle chinesische Recht die Formvorschriften für Testamente wenig streng gestaltete[704].

Dieser Überblick hat gezeigt, daß insgesamt nur geringe Reste des chinesischen traditionellen Erbrechts im modernen Gesetzesrecht der Republik China fortgelten.

---

[703] Bünger, Chin. BGB., S. 275.

[704] Siehe oben S. 100.

Zeitschrift für die gesamte Strafrechtswissenschaft

Gegründet von Franz v. Liszt und Adolf Dochow

Herausgegeben von den Professoren Dr. P. Bockelmann, München; Dr. Karl Engisch, München; Dr. Wilhelm Gallas, Heidelberg; Dr. Ernst Heinitz, Berlin; Dr. Hans-Heinrich Jescheck, Freiburg; Dr. Richard Lange, Köln; Dr. Eberhard Schmidt, Heidelberg; Dr. Hans Welzel, Bonn.

Gesamtschriftleitung Professor Dr. Richard Lange, Köln.

Die Zeitschrift enthält einen Abhandlungsteil, einen Literaturbericht und das Mitteilungsblatt der Fachgruppe Strafrecht in der Gesellschaft für Rechtsvergleichung (zugleich Auslandsrundschau).
Jährlich erscheint ein Band von 4 Heften. Preis pro Band DM 64,—
Einbanddecke DM 5,20

Zuletzt erschien Band 77 (1965).

Gebundene Jahrgänge stehen ab Band 63 (1951) zur Verfügung: Band 63 DM 42,—, Band 64—71 je DM 52,—, Band 72, 73 je Band 60,—, Band 74—76 je DM 66,—; ab Band 77 je DM 76,—

Juristische Rundschau

Herausgegeben von Dr. Dieter Brüggemann, Oberlandesgerichtsrat in Celle, Professor Dr. Rolf Dietz, München; Oberstlandesgerichtsrat Theodor Keidel, München; Dr. Georg Kuhn, Bundesrichter in Karlsruhe; Dr. Gerhard Nehlert, Bundesrichter in Berlin; Dr. Karl-Heinz Nüse, Oberstaatsanwalt in Berlin; Hermann Reuss, Rechtsanwalt am Oberlandesgericht in Köln; Kammergerichtsrat Rudolf Wassermann, Berlin; Dr. Kurt Wergin, Präsident der Rechtsanwaltskammer Berlin; Schriftleitung: Städt. Verwaltungsrätin a. D. L. Pauli.

Erscheint monatlich. Umfang je Heft 40 Seiten. Preis vierteljährlich DM 15,—; Vorzugspreis für Studierende und Referendare vierteljährlich DM 12,—; Einbanddecke DM 5,50.

Vollständige Serien der Jahrgänge 1952—1965 sind gebunden zum Vorzugspreis von DM 576,— lieferbar.

WALTER DE GRUYTER & CO · BERLIN 30

FSC
www.fsc.org
MIX
Papier | Fördert gute Waldnutzung
FSC® C083411

Kolibri 360 GmbH
Ferdinand-Jühlke-Straße 7
99095 Erfurt, Deutschland
produktsicherheit@kolibri360.de